易 学 文 化 丛 书

周易管理大智慧

张其成

著

华夏出版社
HUAXIA PUBLISHING HOUSE

图书在版编目（CIP）数据

周易管理大智慧 / 张其成著 . -- 北京：华夏出版社有限公司，2023.5
ISBN 978-7-5222-0459-8

Ⅰ.①周… Ⅱ.①张… Ⅲ.①《周易》－应用－企业管理－研究 Ⅳ.①F272

中国国家版本馆 CIP 数据核字（2023）第 013043 号

周易管理大智慧

作　　者 张其成
责任编辑 赵学静

出版发行	华夏出版社有限公司
经　　销	新华书店
印　　装	三河市少明印务有限公司
版　　次	2023 年 5 月北京第 1 版 2023 年 5 月北京第 1 次印刷
开　　本	710mm×1000mm　1/16 开
印　　张	12.5
字　　数	200 千字
定　　价	49.00 元

华夏出版社有限公司　地址：北京市东直门外香河园北里 4 号　邮编：100028
网址：www.hxph.com.cn　电话：（010）64618981

若发现本版图书有印装质量问题，请与我社联系调换。

目录

序　章 _001

国学与管理有关系吗？ _003

老子之道是管理的最终极规律 _008

管理恰如"烹小鲜"的"游戏" _009

国学管理的灵魂是《周易》管理 _015

呼唤心的管理 _022

为什么管理者要学习国学 _024

第一章 《周易》与管理 _029

《周易》的形成 _031

"周易"二字的含义 _035

《周易》的三大内容 _037

后世对《周易》的解释 _040

周易精神是管理的根本力量 _043

管理的三个层面 _045

《周易》管理是一个系统 _049

第二章　太极管理 _055

　　太极图和"太极"的内涵　_057

　　太极管理的领导艺术贵在"和"　_058

　　中国企业的根本问题在于缺乏"太极"思维　_062

　　太极思维之一——系统整合　_063

　　太极思维之二——变易发展　_064

　　太极思维之三——保合太和　_064

　　文化和价值的影响力　_073

　　深入到潜意识里　_080

　　教化人心　_082

　　战略定位　_083

第三章　两仪管理 _089

　　乾卦与阳性管理法则　_091

　　从潜龙到亢龙：企业绕不开的路　_092

　　阳性管理法则　_102

　　坤卦与阴性管理法则　_107

　　阴性管理五大法则　_110

　　周易精神与管理智慧　_117

　　乾坤精神　_118

　　两仪——阴阳管理　_123

　　泰卦与否卦——管理重在沟通、相应　_124

　　上级与下级、企业与客户、企业与竞争对手　_126

　　"二"的管理艺术——贵"应"　_127

　　两仪管理的领导艺术贵在"天人合一"　_128

目 录

第四章　五行管理　_131

五行本来就是治国的学问　_133

五行的基数是"三"　_134

三—王—丰　_134

两种文明的冲突，是真冲突吗？——五行法与二分法　_135

五行管理的关键智慧　_136

五行——象征五种"力"　_136

企业布局结构、决定因素等的"五行"　_137

五行人格　_142

第五章　八卦管理　_145

八卦对二进制的影响　_147

八卦——象征八种状态　_148

八卦代表企业八种因素　_149

八卦是一个"象"的大系统　_150

八卦的扩张——十二辟卦　_154

八卦管理的五大规律　_157

八卦反映出中国人思维的本质　_161

卦中有时位玄机　_162

不同时位有不同策略　_164

八卦管理贵"变"　_165

八卦的管理技巧　_166

八卦的重叠——六十四卦　_168

六十四卦与人生定位　_170

第六章　无极管理 _171

境界的提升——从 0 到 1 再到 0　_173

"0"的管理　_174

"0"的经营艺术——贵在道　_180

"0"的管理境界——终极境界　_180

"0"境界的老板会"老装孙子"　_186

"0"的管理与人生　_190

序　章

序　章

国学与管理有关系吗？

历史真的很有意思，近一百年以来，国学——中国传统文化遭到猛烈冲击，在西方"绿色文明"面前，作为"黄色文明"的国学又遭到批判，《河殇》《神州》就是代表。然而进入21世纪以来，"国学热"悄然兴起。"乘飞机，听国学"成为企业领导和成功人士的风尚。这难道是企业家在赶时髦？实则不是，这是需要！

在与企业家的交流中，我曾经多次问过他们：你们学了MBA（工商管理学硕士学位），学了大量的西方管理学知识，为什么还要来学国学？他们总是回答：国学跟西方管理学不同，国学里面有很好的东西。这个说法很对。国学与西学、中国文化和西方文化、中国管理和西方管理，就好比一个人的左右脑、一个人的两条腿。西学是左脑，我们的企业家往往左脑太发达了，而右脑还没得到开发。左脑管的是右腿，也就是右腿太粗了，左腿太细了，走路必然不稳！学了国学，左右脑都发达了，两条腿都粗了，走路就稳了，便能走得更远。

很多人说，把国学和管理扯到一起，是拉郎配。其实从某种意义上说，国学的目的就是管理，包括管理国家、管理社会、管理人生、管理人心和管理企业。

中国的国学归纳起来有一个中心、三个代表，一个中心就是"易"，三个代表就是"儒、道、佛"。《周易》管理我们后面会逐步讲，儒、道、佛探讨的是人生问题，都是在教化人心。教化人心就是一种管理，只是古人不用"管理"这个词。人生离不开社会、家庭，所以必然要涉及治国、治家。我们先从儒家和道家说起。

儒家：半部《论语》治天下

讲中国的管理思想，肯定离不开儒家。儒家主张修身、齐家、治国、平天下，讲内圣外王，即按照圣人的学问和道德进行人格修炼，为"内圣"；"外王"是施仁义之政，行仁义之道，建王者之业。有一句名言叫"半部《论语》治天下"。汉代以后，中国古代帝王治国，没有哪个朝代是不读《论语》、不重视《论语》的。

宋朝开国宰相赵普，历史记载他"少习吏事，寡学术，及为相，太祖常劝以读书。晚年手不释卷，每归私第，阖户启箧取书，读之竟日。及次日临政，处决如流。既薨，家人发箧视之，则《论语》二十篇也"。用现在的话说就是这个人年轻的时候没什么知识，文化水平不高，当了宰相后，皇帝就劝他读书，他每天回到家就读书，等到第二天上朝的时候，处理政务非常果断。他死后，家人收拾他的东西，看他都读了什么书，能这么闻名天下，原来只有一本书——《论语》。赵普当了两朝宰相，国家治理得非常好。"半部《论语》治天下"的典故就出自他，实际上这是他第二次为相时说的一句牢骚话。

> 北宋初年的宰相赵普是一位杰出的政治家，但绝不是一个学问家。正是由于这个原因，他才会有"半部《论语》治天下"这样振聋发聩的名言传世。
>
> 赵普，字则平，幽州蓟人（今天津市蓟州区）。后周显德初年，任永兴军节度使幕府从事。公元956年，为了争夺淮南江北地区，后周大将赵匡胤率领大军攻打滁州时，由于得到赵普的鼎力相助，赵匡胤大获全胜，为他日后的帝业打下了基础。赵普经宰相范质举荐任军事判官。从此以后，赵普便被赵匡胤视作心腹，追随赵匡胤建功立业。显德七年，与赵匡胤等策划陈桥兵变，帮助赵匡胤夺取政权。宋朝建立后，赵普参与制定了一系列重大决策，又辅助宋太祖统一了中国。乾德二年（964年），赵普被授予门下侍郎、平章事、集贤殿大学士，官至宰相。乾德五年（967年），赵普被加任右仆射兼门下侍郎、昭文馆大学士。

序 章

赵普一生先后三次做宰相，这在宋代并不多见。按理说，赵普身居宰相高位，又是颇受倚重的开国元勋，只需照章办事即可功德圆满、善始善终，可是，赵普的仕途却一波三折，并不顺利。概言之，赵普的后半生是：因专横跋扈而受制约，因贪图钱财而受猜忌，因不学无术而受轻蔑，因结党徇私而遭罢黜。就其秉性来说，来自大臣的不满，来自皇帝的约束、猜忌，甚至是罢黜，都是可以忍受的，最不能容忍的是君臣上下对他的轻视。"半部《论语》治天下"正是他第二次为相时说的一句牢骚不平之语。宋初君臣认为，五代时期"大者称帝，小者称王""群犬交吠"般纷乱政局的根源在于藩镇拥有重兵，不受中央节制。而要避免宋朝成为第六个短命王朝，就必须"兴文教，抑武事"。为了培养更多的文士，中央政府"崇建太学，教养多士"，迅速恢复和完善了科举考试制度，加紧选拔文人充实各级官僚队伍。宋太宗更是明确提出，要"与士大夫治天下"。君臣上下，注重文教蔚然成风。

相形之下，赵普的学力已明显跟不上时代发展的需要。《宋史·赵普传》记载："普少习吏事，寡学术。"太祖曾多次向赵普问及前朝制度，他都无言以对。最使赵普难堪的一件事发生在宋太祖乾德初年，事情的经过是这样的："乾德建元，太祖谓古所未有，韩王（赵普）称誉，卢（多逊）曰：'王衍在蜀，曾有此号。'太祖大惊，以笔涂韩王面曰：'尔怎得及他！'韩王经宿不敢洗。"这段话出自赵绍祖的《读书偶记》，《宋史·卷三·太祖本纪》也记载了此事，却多有不同，宋太祖还说了一句话：作相须读书人。分明是说，你赵普并不是一个读书人，而不是读书人就不能做宰相。如此看来，赵普后来在仕途上的失意就成了必然。

宋太祖开宝六年（973年），赵普罢相，出任河阳三城节度使，这是他自当年滁州之战结识赵匡胤以来，第一次远离政治中心。太平兴国六年（981年），赵普第二次出任宰相。赵普由野入朝，几年间朝中任用了更多的文人，已是物是人非，今非昔比。赵普昔日不学无术的劣势也就更加明显地凸显出来，君臣们也越发认为赵普的学养不够。

据南宋罗大经《鹤林玉露》乙编卷一记载："赵普再相，人言普山东人，所读者止《论语》……太宗尝以此语问普，普略不隐，对曰：'臣平生所知，诚不出此。昔以其半辅太祖定天下，今欲以其半辅陛下致太平。'"这就是赵普"半部《论语》治天下"这句话的"原生态"。从赵普的回答中不难看出其强烈的情绪化色彩，这完全是一种牢骚不平之语：言外之意是说，我读书范围是不出《论语》一书，可我当年能够靠它帮太祖平定天下，现在仍然能够靠它辅佐陛下您把天下治理好。现今满腹经纶的文臣儒士遍布朝野，哪个又能有我的功劳大、能力强呢？——恐怕这才是这句话的真实含义。

那么，赵普的一句牢骚话何以会如此引人共鸣、传之久远？依笔者浅见，一为《论语》一书影响之广，一为"治天下"之意识深得士子之心。《论语》一书是孔子及其弟子的言行录，自战国初年成书以后，在儒家经典中并不占重要地位。西汉武帝"罢黜百家，独尊儒术"，确定《诗》《书》《礼》《易》《春秋》为儒学"五经"；到了东汉，因倡导孝道，在"五经"之外又加上《孝经》和《论语》，变成了"七经"，这是《论语》第一次跻身经书之列；到唐代变化较大，除了《诗》《书》《易》不做变动，将《礼》分作《周礼》《仪礼》和《礼记》，另加《左传》《公羊传》和《谷梁传》，称作"九经"，《论语》未被列入；到唐文宗太和年间，在"九经"的基础上增加了《论语》《孝经》和《尔雅》，称"十二经"；到了北宋年间，又加了《孟子》，称"十三经"。从汉代到宋代，《论语》几次作为儒家典籍跻身"经书"之列。但是，即使同样是"经书"，也要依照篇幅长短划分等级，《论语》因其篇幅过短，只被看作"小经"。所谓"小经"就是"大经"的辅助读物，而更多的时候，《论语》是被当作"经"之下的"传"或"记"来看待的。所以，《论语》一书长期作为妇女儿童启蒙课本使用，唐代墓志记载不少妇女居家"常读《论语》"，杜甫在其《最能行》一诗中写道："小儿学问止《论语》，大儿结束随商旅。"诗中讲的就是这种背景。

《论语》地位的真正提高，是在南宋时期。理学家朱熹把《礼记》中的《大学》《中庸》两篇抽出，连同《论语》《孟子》合称"四书"，并为之详作"集注"，影响深远。《论语》至此历史性地提升到"大经"的地位。到元明清三代，"四书"完全取代了"五经"，成为科举考试的必考内容，《论语》也成了士子必学之书，所以赵普这句话备受学子关注。

其次，儒家倡导"仕而优则学，学而优则仕"，要学以致用，要为帝王师，主张"格君心之非"。南宋时期的事功学派坚守了这一点，赞赏"勃然有以拯民于涂炭之心"，主张以天下为己任。这种天下意识得到了后世很好的继承，这正是中国古代知识分子的一大优点。所以，赵普的"治天下说"能够引起士人的强烈共鸣。

综观赵普个人的"功名事业"，可谓隆隆其始而未能克终，而他"半部《论语》治天下"这句牢骚不平之语，反倒成了"千古名言"！其中奥妙，耐人寻味。

日本的松下幸之助，有人问他，管理什么最重要，他拿出两样东西，左手拿算盘，右手拿本书。别人又问了，两样东西只能选一样，你选什么？他把左手的算盘放下，举起右手里的书，他认为这个最重要。这本书是什么书？就是我们熟知的《论语》。

你说国学和管理有没有关系？儒家和管理有没有关系？"半部《论语》治天下"，儒家治好的是天下的人心、人伦和人性。

道家：治大国若烹小鲜

很多人都说道家是消极出世的，与管理没有关系，那是大错特错了。道家的创始人老子讲的是"南面之术"，实际就是君王治理国家的学说，老子讲的是最高的管理，他说了一句话——"治大国若烹小鲜"。

老子主张"无为而治"。生活在战乱频仍年代的老子，作为"周守藏室之史"，历史文献的阅读使他洞察历代王朝的盛衰兴替，因而他的"道"自然包含"君人南面之术"。众所周知，《道德经》一书中的"圣人"既是道的体现者，也是老子心目中理想的统治者。

《道德经》为君王策划的治国之术，恰恰是汉初文景之治采用的黄老之术的理论基础。它潜移默化、润物无声地为人民谋求福利，做好事从不张扬，而它的"无为而治"是古今中外管理者追求的最高目标和最好境界。

老子之道是管理的最终极规律

像许多思想家一样，老子并不满足于对人类社会规律的分析，他还要寻求一个能够统领一切的总规律。在《道德经》第二十五章里，老子指出："人法地，地法天。天法道，道法自然。"这里的法是效法的意思，地、天实际上是人所生存的环境，道则涵盖了整体世界，是整体世界的总规律。换言之，世界规律统一于道。也许有人会问，不是还有最后一句"道法自然"吗？这岂不是否认了道的最终规律性吗？其实"道法自然"正是"道性自然"的意思。"自然"不是今天大家说的"自然界""大自然"，而是"自然而然、本然"的意思。本来如此，无须外力，无劳外界，无形无言，恍惚无为。这是道的本性所决定的。只要我们看一下这一章就知道了："有物混成，先天地生。寂兮寥兮，独立而不改，周行而不殆，可以为天下母。吾不知其名，强字之曰道，强为之名曰大。大曰逝，逝曰远，远曰反。故道大、天大、地大，人亦大。域中有四大，而人居一焉。"这一章是老子阐释"道"的本始性的重要篇章。"道"是素朴的、混沌的、原始的。它是绝对的本体，不依据任何东西而存在，且永远不可改变。它是天下万物的开始和本原。"道"还是万物运动发展的大规律，这个规律归结为一个字就是"反"。万物的运行是一个无限循环的过程。

老子的"道"当然也是管理之"道"，是管理的大规律。它表明管理也是一个反向运动的过程，是一个从"有为"到"无为"的过程。管理必须要符合自然大道，不要主观臆断，不要违背自然本性，包括人的天然本性。

序　章

管理恰如"烹小鲜"的"游戏"

老子是怎么讲"无为"的？其实他说的"无为"是跟"自然"连在一起的，叫"自然无为"。他打了一个比喻"治大国若烹小鲜"，这句话非常有名。大家来想一想，这句话值多少钱？如果杰克·韦尔奇的一句话值一百万美金，那么老子的这句话那简直就是无价之宝！2004年6月，杰克·韦尔奇受邀到中国来演讲，那场演讲费用是一百万美金，去听他的课收费是非常高的。他那一天的演讲实际上就讲了一句话——"做企业就是做游戏"。这句话就要一百万美金，值不值？我认为值，值在哪里？我们要深入地分析这句话的内涵并明白它解释了什么道理。

第一，做游戏是要赢；第二，做游戏要有游戏规则，所以做企业也是要有规则的；第三，做游戏为的是什么？是快乐。我们想一想，我们做企业是不是做快乐了？这一点非常重要，许多人做企业，一开始的想法很简单，就是要让家里过得好一些，快乐地生活，可最后却不是这样，越做越不快乐，这就叫"异化"。

老子的"治大国若烹小鲜"，我想那不只值一百万美金，那是多少亿美金也买不来的！我们先把字面意思讲一下，然后再去思考它的深层含义。它的字面意思是什么？治理一个大的国家就像烹小鱼儿一样，"小鲜"就是小鱼儿，非常鲜美的鱼儿。某些老总如果会做菜的话，可以想一想，怎么来烹小鱼儿。如果您没有做过菜，可以回去请教一下夫人和母亲，然后把这个"烹小鲜"的规律总结出来，那不只值几百万美金，而是无价之宝！谁想清楚了，谁就明白了真正的道理。

治理一个国家、一个企业，如同烹小鲜一样，要温和，不要急躁，要柔性管理，要了解现状，运用合理的方法，抓住时机，恰到好处，保持快乐的心情也是很重要的。

我不喜欢"管理"这个词

我不喜欢"管理"这个词，中国古代没有一个词叫"管理"，因为"管理"的"管"是个竹字头，竹子是硬的，这是一种硬性管理，这个管理西方人擅长，所以西方人在硬性管理方面有优势，它体现在企业文化、制度建设和流程设置上。而中国古代不叫"管理"，叫什么呢？叫"治理"。治理的"治"是水字旁，水是软的，就是说我们是一种水性管理、柔性管理，这是我们的长处。当然，中国古圣先贤的"治理"还要懂阴阳，万事万物最后都是阴阳的体现和相互作用。硬性管理和柔性管理也是阴阳，中国人不仅都懂，而且还会运用。

中国从秦朝开始，官府一切皆管，秩序很难形成，自由和规则就谈不上了。公有化导致市场进程中断，改革开放后重新建立市场经济体制，我们称为社会主义市场经济体制。现在正在进行和谐社会建设，管理的核心是人性。

东西方文化各有优劣。有人说算卦百分之百是准的，有人说西方的东西百分之百是好的，那绝对是谎言。有人说科学能解释一切，科学果真能解释一切吗？科学越发达，所能解释的东西越多，所不能解释的东西也就越多，而不是越少，谁能明白这个道理呢？科学就像一个圆，圆里面是已经解释的，圆外面是没有被解释的，解释的越多，这个圆的圆周和半径就越大，随之圆外面也越来越大。现在好多东西用线性科学是无法解释的，比如说烟囱里冒出来的烟；绵延起伏的海岸线；水里面起伏的漩涡；亚马孙河河边的一只蝴蝶扇动了一下翅膀，几个星期之后在美国的得克萨斯州引起了一场大风暴，能解释吗？根本无法解释，只有用非线性科学才能解释。可是很多现象用非线性科学还是解释不了，于是又会出现更先进的科学，所以万事万物，包括科学在内都是变化的。中国式"治理"最大的特征就是"变"，是随机应变。《周易》的"易"即"变易"，就是变化。"治理"的"治"是带水的，水不仅是柔性的而且是变化的，是顺势而为的。

国学管理六大家

谈国学管理，国学太大了。我们总结的是"六家"——儒家、道家、佛家、医家、兵家、法家。

大家都知道，先秦有诸子百家，其中最主要的可以归结为五家——儒、墨、道、法、阴阳。如配上五行，那就是儒为木，墨为火，道为水，法为金，阴阳为土。

五家	儒	墨	阴阳	法	道
五行	木	火	土	金	水

可惜的是墨家、阴阳家，汉代以后逐渐消失了。有幸的是佛家在汉代传入中国，以后便在中国生根、开花、结果，发扬光大。所以汉以后中国文化基本上是儒、道、佛三足鼎立，而兵家、法家作为辅助一直未衰，医家当然是治病的，为什么要列为管理大家？那是因为一个国家、一个企业就好比人的身体，国家、企业遇到的问题就好比疾病，治国、治企就是治身之病。

中华文明绵延数千年，产生了很多堪称经典的书，其中儒家的经典尤为重要，"四书五经"可以说是千百年来中华文化的主导。儒学是什么？是济世之学、入世之道，这些学问根植于巷陌千户，汇于宗室庙堂，积淀千百年，是中国人民族性格的重要组成元素。而儒者，东方的学者，醉心于孔孟之道的志士仁人，就是立志复兴华夏文明的中华脊梁；儒商，就是中国商界时代精神的领袖，民族复兴的第一执行力。

"半部《论语》治天下"，儒家学问是中国历代帝王治理国家的第一精神动力。儒家的"内圣外王""修己安人"思想成为中国、日本很多成功企业的文化理念。韩国也深受儒家思想影响，儒家的管理，归根到底是一种人性管理。

有这样一则故事，说的是一个车夫为了使拉车的驴跑得快些，就将一把青草拴在恰巧离驴的嘴巴有半尺远的距离。驴为了得到那把绿茵茵的青草，便拼命地向前跑，可无论怎样用力，那把青草也到不了嘴里。当然，车夫完全可以在拉完货后，将那把已经有些发黄的青草丢到驴子脚下，任凭其去品尝胜利带来的喜悦。人都有一个通病，这就是太容易得到的东西不去珍惜，只有自己千辛万苦挣来的才格外看

重。如果你的许诺和践诺不那么经意，即使过程中真的费了不少心力，效果也未必好。

　　道家思想综罗百代，广博精微，是中国文化精神的根基、中国人精神追求的终极寄托。道家思想的核心用一个字来概括就是"道"。道，是天地的本然，是世间的大规律，是万物的根本，是最终极的存在。道家弘扬的绝不是什么消极出世，而是一种大智慧，是"无为而治"，是"莫之能争"！道家讲的是自然虚静，是本立道生，是无用之大用。

　　道家管理，是"无极管理"，是管理的最高境界，讲究的是水性思维。道家管理最终的目的是"无为而治"，是不管而管，不战而胜。回归了人本然的状态，这是人的自由的实现，是从必然王国到自由王国的飞跃，是万物齐一的大襟怀，是得道逍遥的大气象。

　　道家管理在历史上有很多很经典的案例，比如汉初文景之治，曹参的"萧规曹随"，取法黄老而得盛世；陈平宴乐而治；唐代郭子仪功高盖主而主不疑、位极人臣而众不非；曾国藩受丑道人点拨，每逢大事有静气，忧患横逆之来，少忍以待其定，遇荣利争夺之境，则退让以守其雌，含刚强于柔弱之中，寓申韩于黄老之内，终于达到超人境界。

　　佛教是世界三大宗教中最古老的，由佛陀释迦牟尼在古印度创立，后流传到中国等国家。佛教从13世纪到19世纪在印度逐渐衰落，而在中国却得到了发展。在漫长的流传过程中，佛教创造了光辉灿烂的文化，一定程度上改变了世界的面貌。

　　在中国，多少帝王信佛拜佛，多少帝王皈依佛门：梁武帝萧衍、武则天、朱元璋、顺治帝福临……

　　从管理的角度看，佛家偏于治心，从人生、宇宙的终极规律上让人参悟。三法印、四圣谛、八正道……只有参透万法空相，才能明心见性。在管理上最本质的就是"管"心，就是明心见性，思想意义十分重大。另外，佛教的组织结构、仪轨制度对管理者也有启示借鉴作用——马祖创丛林，百丈立清规……

　　　　南岳和尚听说马祖夜以继日地坐禅，便亲自来到马祖坐禅的地方，问马祖："你在这里做什么？"

序 章

　　马祖回答道:"我在这里坐禅啊!"

　　南岳和尚:"哦,是这样的。那你坐禅的目的是什么呢?"

　　马祖挺起胸膛回答道:"当然是想成佛。"

　　南岳和尚听后默不作声,立刻从后院捡来一片瓦,开始用磨刀石磨。马祖看了,感到很奇怪,就问道:"师父,磨瓦做什么用?"

　　南岳和尚泰然回答说:"磨成镜子。"

　　马祖觉得好笑,用微笑的口吻对师父说:"师父,瓦片是磨不成镜子的。"

　　于是,南岳和尚便教导说:"马祖啊,坐禅也不能成佛的。"

众所周知,坐禅的目的是想成佛。而禅宗的修行方法是静坐默念,即坐禅。由于全心坐禅,能使自己认清世界和自我,得到觉悟而成佛。前文马祖选择坐禅也是基于这种思想。但是,坐禅和成佛有什么关系呢?

坐禅只是成佛的一种途径,是一种外在的表现。一味地想要成佛而拘泥于这种表面现象,就会偏离禅的本质。

兵家,"兵者,国之大事",兵无常势。兵家既是奇正、阴阳的哲学,也有诡道、计谋的应用;既有天地人三才互动的大关怀,又有察势索情的小策略。孙武、吴起、孙膑统甲兵、布迷阵,决胜于疆场。商场如战场,现代社会,不少企业家、商人将《孙子兵法》用兵作战的智慧用于企业管理、商战经营,取得了战无不胜、攻无不克的效果。兵家和纵横家又有十分密切的关系,纵横家出现于战国至秦汉之际,多为策辩之士,可算是中国五千年中最早也最特殊的外交家、政治家。他们可以用三寸不烂之舌退百万雄师,也可以用纵横之术解不测之危。苏秦合纵六国逼秦废弃帝号,张仪以片言得楚六百里,唐雎不辱使命为安陵君劫秦王,蔺相如直逼秦王完璧归赵……鬼谷子不仅是苏秦、张仪的老师,据说还是兵家孙膑、庞涓的老师,在当代影响重大。一战后,德国著名学者斯宾格勒高度赞扬纵横家具有实际的借鉴意义。日本学者、企业家大桥武夫把《孙子兵法》和《鬼谷子》用到经营活动中,写出了一部著作,取名《兵法与鬼谷子》。

法家,可以归结为三个字:法、术、势。法家思想是管理庞杂群体的应试之举,是引领团队通时达变的自强之途,是领袖人物驱吏役民的"大棒"，是诱导群下趋向目标的"规矩"，是事业兴盛的基石……商鞅"任法"，助秦穆公霸立诸侯，威震天下；李斯助秦始皇一统江山，定中华万世基业；申不害"主术"；慎到"尚势"；韩非子集法家之大成，阐发"处势""抱法""行术"之精微。

医家是指中国传统的医学，自《黄帝内经》肇始，绵延数千年，一直都是华夏子孙安康的保障。今天，我们还在应用这些先辈留下的智慧，希望达到身心的健康安宁；科技文明高度发展之后，人们重新回到中国古圣先贤的宝典中去寻找能使人类远离疾病、保持健康和谐的法宝。

精研医家思想，我们能深刻认识到人自身在自然万物中的位置以及天地万物互因互用的奥妙，能深切感受到天地的规律在人身上的反映以及人体能量的运行变换，这是真正的人体科学、生命科学，是真正符合自然大道的健康法则、生命提升法则。秉承医家一身一家一国一宇宙同构的传统思想，打破现代医学分离的思维模式，从整体观上重构健康理念，摒弃病而求医、乱而思治的保健意识和管理思路，却病于未发之时，治乱于未萌之机，在点滴中修行，在时光中积累，真切体会，心身受益。

怎么把六家穿在一起

大家可能认为"六家"太多了，太杂了，怎么能简单一些？有更简单的办法，用一根主线可以把六家"穿"起来，这根主线就是"易道"，易贯儒道禅医，道统天地之人。"易"通贯儒家、道家、中医是没有问题的，但不能说通贯佛家，只能说中国化的佛家代表——禅宗，也或多或少受到"易道"的影响。你可能会问还有两家呢，其实法家、兵家是从道家派生出来的，所以说道家也就包括了兵家、法家。

从源头看，《易》是各家的源头，从思想主旨看，"易道"是所有各家思想的灵魂。所以我们说"《易》为国学之源"，易道的最根本的精神是"和"，"和为国学之魂"。

一本《周易》弄清楚了，可以说把握住了国学的根本、国学的精髓，是受用无穷的学问。

"易道"正是通贯儒家、道家的中华大道，是中华文化的主干，是中华民族的精神支柱!

围绕"什么是中华文化的主干"问题,目前有三派观点,一是"儒家主干"说,二是"道家主干"说,三是"儒道互补"说。我赞成"儒道互补"说,其互补的交点就是"易学",就是"易之道",因此我又提出"易道主干"说。

"易道"最简单地说就是阴阳之道,"易"字就是日、月组合而成,"易以道阴阳"。从阴阳的角度看,儒家偏阳,道家偏阴,医家阴阳中行,兵家偏阴、偏奇,讲究出奇制胜,法家偏阳,偏法势,讲究执法如山,中国化的佛家也是偏阴,以至于虚空……

"易道"对中华文化各形态、各学科的影响是深层次的。无论是以易理为指导思想规范各学科的学术走向,还是以易图为框架构建各学科的理论体系,都说明了这一点。中国古代的社会科学、人文科学、自然科学、生命科学在形成、发展的过程中,往往或援易为说,或援以入易,都或多或少地与"易"建立了一种亲缘关系。因而从"易学""易道"入手,探讨中国文化的精神,探讨中国文化各形态、各学科的思想来源和理论特征就成为必要,而且是可能的。

国学管理的灵魂是《周易》管理

国学的核心是易学、易道。国学管理的灵魂是《周易》管理。为什么这么说?因为《周易》提出了中国管理学一个最基本的思维方式,那就是太极思维方式,绝对不是一刀两断,一刀两断是西方人的管理思维。西方的这种思维,如果用图来表示的话,就是右面这样,可叫作矛盾图,也叫二元论。

矛盾图中间一道线,白和黑截然分开,但中国的思维是太极图。

太极图，白的是阳，黑的是阴。阳当中有阴，白鱼当中有黑眼睛；阴当中有阳，黑鱼当中有白眼睛。中间不是截然分开的，而是 S 曲线，表示阴阳互变的规律，这是中国人不同于西方人的思维方式，是国学管理的思维方式。这也是一种管理哲学，使人得到终极的关怀和人性的提升，因为管理的核心是人，要彻底认识生与死的关系、灵与肉的关系，才能感受到人生的意义，即幸福在于灵魂的丰富，道德和信仰的精神境界在于灵魂的高贵。

《周易》管理的大智慧

《周易》是中国的"圣经"，是中华文化的元典，也是中国管理哲学的宝典。《周易》的"易"字是"变易"的意思，《周易》是一本论述宇宙万物变化大规律以及人类知变、应变大法则的著作，不仅是宇宙预测学，而且是人生行为学。管理科学同样也要研究一个"系统"、一个"组织"（如一个企业、一个单位、一个城市乃至一个国家等）的变化规律，因为只有掌握了规律，才能进行预测和决策，才能进行科学的管理。《周易》是中国管理哲学的宝典，蕴涵高明的管理智慧，历经数千年的不断丰富、不断提升，从而引起东西方管理大师的高度关注。

按照西方管理学理论，管理本身是一种决策学。所谓决策，就是对各种可能行动的方案做出最佳的选择，付诸行动，以达到预期目的。《周易》成书后参与了许多古代的重大决策，成为重要决策著作之一。经过儒家整理和阐发的《周易》理论博大精深，内涵丰富，其本身就是管理哲学。同时，《周易》又是古代选拔优秀管理者的重要尺度。汉武帝以后，包括《周易》在内的经学成为选拔人才的重要依据，经学考试成为历代晋升入仕的阶梯。

可以说，《周易》六十四卦借占卜阐述天地变易大规律以及人如何知变、应变的大法则，是人类行为的规范总则，也是各类管理的根本法则。随着《周易》的不断被诠释，其管理思想越来越丰富，以至成了今日中国乃至西方管理科学研究和借鉴的宝贵典籍。

《周易》六十四卦，内容宏富，包罗万象，其各卦的象数理气变化更是错综复杂，可以给管理者提供宝贵的原理依据。其中有各行业、各种事情的专门卦例，有农业卦、旅行卦、战争卦、婚姻卦……这些卦例能供管理者参考。有的卦是通论，可以用于各类事情、各行业的管理。举乾卦为例，该卦特别强调管理者需要经过有计划的培养、锻炼和成长，方可登上高位。但若凭高位而刚愎自用，独断专行，不与天同德、与人同情，便会脱离众人导致失败。又如泰卦、革卦和睽卦，均教导管理者要上下、阴阳相交，发生冲突时应各自退守和平相处，求大同存小异，千万不能激化矛盾。领导者要尽量克己安人，先教育、指引、规劝，不到万不得已，不采取纪律行动。西方管理工作的"四E"安全法与泰、革、睽三卦的意义是吻合的。当工地上发生意外时，首先应调查研究，弄清真相，接着制订处理问题的流程和办法，然后给事故当事人以训练和教育，同时拟定安全规章，最后还要经常提醒，激发大家遵守安全规章的自觉性和热情。

《周易》的《大象传》中说"君子"应当如何如何，都可视为对管理者的要求。

可见，《周易》蕴含着宏观管理思想，是一种后现代的管理哲学。

太极阴阳管理观

《周易》认为宇宙是太极，太极产生阴阳两仪。太极阴阳是宇宙的一元两面。宇宙是太极。在国家、企业的管理中，管理者和被管理者的相处，产生既相对又互补的运动观，一物之进必是一物之退，这样才能产生均衡中和。管理者（阳）与被管理者（阴）共同参与的中道管理，即中庸管理，是现代最实用的管理法。太极阴阳原理体现了管理者与被管理者之间的容忍、进退，应当成为管理者的座右铭。不要把达到利润最大化作为经营管理的唯一准则，而忽视人类本身的自尊感和价值观。而要承认任何一个人都是一个太极，人本身是融合的，待人要因人而异，始终维持其自尊，使组织充满和气，像个大家庭一样，使管理者与被管理者都称心如意。这种中道管理（或称"中庸管理"），西方叫品质管理。它既不同于以人事为中心的管理，也不同于以生产为中心的管理。品质管理可定义为：现场人员自动自发地参加品质管理活动。凡工作性质相似的作业人员组成小组，定期集会参与讨论，并同心协力探讨创新，热心鉴定、分析和解决有关产品品质及其他现场问题。这种品质管理采用了《周易》"致中和"原理，符合乾卦的"安人"概念。

根据易理，阴阳两仪分为四象，即太阴、太阳、少阴、少阳。今人丁善懿在《易经与科学管理》一文中将管理者的素质归纳为"二知四巧"，"二知"为工作上的知识和职责上的知识，"四巧"为领导、教导、方法、技巧。或者说，管理者的职责范围分两方面：一方面建立良好的人际沟通关系，另一方面设法安人及解决不能避免的问题。建立良好关系的基础有四点：第一，让每个职工知道本人的工作应如何进展；第二，该表扬的应及时表扬；第三，告诉职工各种影响他们自身改变的因素；第四，知人善任，充分发挥每个职工的专长。管理者如能掌握这四个基础，便能活用待人与用人的方法。

管理者面对问题时，要先定下解决问题的目标，这便是"经"，然后考虑时空四时的四象环境来用"权"，以求通权达变。还要考虑四点，即把握权不离经，考虑内外环境的变易，做到唯时适变和因地制宜。在解决问题时也要注意四点，即搜索事实、审度与决定、采取行动与考察结果。就是说凡事都要善始善终，不能虎头蛇尾。

管理者的领导方式也可归纳为四个字：安和乐利。所谓"安"是要大家安心于事，有安全保障感。"和"就是要致和，使人际关系达到和谐之境。"乐"是大家喜气洋洋，皆大欢喜。"利"是透过理性的观念，合情合理地追求利润。

虽然这种类比法有一些牵强，但易理太极阴阳强调事物对立统一两方面的思想，对管理者如何处理与被管理者的关系，还是很有启发意义的。

位、中、应、时管理

《周易》强调位、时、应、中。

位，指空间变化。六十四卦每一卦分阳位、阴位，每一卦从下往上又分下位、二位、三位、四位、五位、上位。如阳爻处阳位，为"得正"，主吉，反之则不得位，多主凶。也就是说，事物发展有空间基础，如具备这个基础则往往成功；失去空间基础，则往往失败。管理上也是如此，应考虑各层次职员的位置，使他们各得其所，各尽其能。这就要求任人唯贤，让他们最大程度地发挥各自的才能。日本的管理符合由下而上的六爻管理。一切数据、决策、信息、沟通……是由下而上、由内而外、从基层反映到上层的。东南亚国家的管理，受《周易》天大、地大、人亦大的传统精神及时位观念的影响，企业内部管理者和被管理者一视同仁，希望大家都成为自觉自愿的、不违背伦理规矩的人，主动关心企业的生存与发展。高层、中层、基层各居天人地爻位，中层管理者是第一线管理人，地位十分重要，故在选拔、培植和派任上对企业的兴旺影响极大。西方管理不太注重这一点，如美国一般高级管理者的兴趣仅是生产、销售，重视资源的使用，不断追求有形财富的积累。

中，指中位，中道。六十四卦中，二、五两位为中位，不管阴爻还是阳爻居中位，皆吉。然如阳爻居五位，阴爻居二位，则既得正，又得中，为大吉。管理者管理企业、管理下属均要遵循中道，不可有私心杂念，不可有所偏颇。

应，指阴阳对应，呼应。六十四卦中，一与四、二与五、三与六爻相应。凡阳爻与阴爻、阴爻与阳爻相应，称为"有应"；阳爻与阳爻、阴爻与阴爻相应，称为"无应"。一般情况下，有应为吉，无应为凶。阴阳相感应亦是管理原则之一，管理者与被管理者只有相互感应，上下一心，才可万物化生，百业兴旺。

时，指时位、时机。六十四卦表示六十四"时"，每卦六爻的变化情状，均体现出事物在特定"时"中的变化、发展规律和卦义的特定背景。对一个管理者来说，耐心等待时机、及时把握时机是十分重要的。如果说空间的变化还可以用人力变通的话，那么时间的变化却非人力所能左右的。因而把握时机是管理者的一条基本原则。《周易》的"时"往往与信息——消息相联系。《丰卦·象辞》说："天地盈虚，与时消息。"意为客观世界的阴阳盈虚变化是随着时间的变化而变化的。"消息"意同消长，又可理解为信息。时间的转移、变化蕴藏着瞬息万变的各种信息。管理者应该高度敏感，应对这种快速变化的信息，及时作出反应，同时还要迅速而准确地把握自己企业经营的信息，并及时反馈给社会。

> 意大利航海家哥伦布，从小就对航海有浓厚的兴趣，20多岁时已成为一个很有经验的水手了。一个偶然的机会，他读到了一本《东方见闻录》，从此，他一心想到东方寻找财富。后来，他带着87名水手，乘着3艘帆船，向西远航了。人们都觉得非常新奇，有些人甚至产生怀疑，他们能到达东方吗？哥伦布真是异想天开！他们顶着狂风巨浪，历尽艰难险阻，在茫茫的大西洋上度过了70多个昼夜，终于在一块陆地上登陆了。

哥伦布在人类历史上，首次完成了横渡大西洋的航行，他的功绩是伟大的。可见，一个人如果缺乏冒险精神，就会错失许多成功的良机。在哥伦布之前，任何人都有发现新大陆的可能，然而他们之所以没有成功，就在于没有去实践。哥伦布这样做了，他成功了。事实证明机遇不是那么容易抓住的，正如并不是所有人见到苹果从树上掉下来都能想到万有引力一样。

大风险意味着大机遇。闻名于世的犹太人，他们的智慧是放长线钓大鱼，他们不会固守眼前的一时利益而失去更大、更丰厚的长远利益。《塔木德》书中说，风险往往和收获成正比。犹太人善于冒险，敢于冒险，从而在大风险中得到更大的回报。

三才统一管理观

三才统一是《周易》的基本思想。三才就是天、地、人。《周易·系辞传》认为："《易》之为书也，广大悉备，有天道焉，有人道焉，有地道焉，兼三才而两之，故六。六者非它也，三材之道也。"六十四卦每卦六爻是天、地、人三才的统一体，其中下二爻为地道，上二爻为天道，中二爻为人道。三才思想即"天人合一"思想，而天人合一思想又是中国文化的重要内容，它渗透到文化的各层面，包括管理领域。东方管理科学有别于西方管理科学的一个重要特点就是十分重视人的因素，着眼点不是只放在物品的生产、经营上，而是重视在上司、下属、同僚之间建立良好的人际关系。管理者要任人唯贤，善用人才，充分发挥人的积极性和才能，亲君子而远小人，企业内部上下之间、左右之间同心协力。

现代管理科学（包括西方管理科学）已逐渐认识到这一点，如管理科学提出要重视人力资源和生产资源，重视四 M 资源。所谓四 M 资源指机械设备、原材料、制造方法、人力劳务四项，因各自的英文单词首字为 M，故称四 M 资源。操作者负责前三项，管理者还要加一项，即管人、理人、安人。如何使被管理者乐意按质按时完成任务，这就需要管理者了解管理上三个既分不开而作用又不相同的要素：需要、目标和行为。企业通常有三种需要，这就是满足生产的需要、满足个人的需要、满足组织的需要。若要职工有好的表现、有高的生产率，单靠拟定目标是不够的，应该有效地从满足三种需要着手。要克己安人，知人善任，将自己和全体员工、整个企业综合起来考虑问题。这种管理思想与《周易》三才思想、重视人才思想是吻合的。

由此推衍到人类社会，从中得出治理企业、国家的法则。男女相感而成婚姻，天地之气相感而致云雨，杰出的人应从中悟出治企治国的道理，只有做到感化民心，才能做到上下协调、天下归心。

太和管理观

《周易·乾卦·象》："乾道变化，各正性命，保合太和，乃利贞。""太和"是中国古圣先贤追求的最高理想境界。太和是一种和谐统一兼容的自然境界、社会境界、政治境界，也是管理者所追求的目标。《周易》六十四卦所象征的各种事物错综复杂，是矛盾统一体，能达到一定的和谐统一。管理者在管理与被管理、劳与资、上与下等矛盾激化时，要尽量克己安人、多行退守、和平相处，不到万不得已，不要采取过激行动。管理者更要善于运用离合、异同法则，异中求同，离中求合。在正邪之间要采取宽大包容的态度，化异己力量为同己力量。实际上，凡是内部团结、上下关系融洽的企业，是容易成功的。美国著名企业家卡内基死后，其墓碑上写着：这里埋葬着一个人，他最大的特点是善于把强于自己的人团结起来，一道工作。作为一个管理者，要充分注意把整个企业的各种力量聚集在一起，为实现统一的目标而奋斗。

此外，《周易》变易不居、刚健有为、扶阳抑阴、升降交感以及运数取象的思想，对经营管理有很大的指导性和启发性。

呼唤心的管理

中国的企业最缺的是什么？有人说不是产品，不是质量，甚至不是人才，最缺的是品牌。品牌的基础是什么？是文化加品质。文化是企业的心，现在的企业是缺心、缺魂、缺精神、缺文化。当代中国最大的危机是什么？是信仰危机。企业也同样面临信仰危机。信仰当然是文化的问题、心的问题。中国化管理最大的优势就是心的管理，也就是精神的管理、文化的管理、灵魂的管理。这里有一个很有意思的说法：现代中国的企业管理，应该是中国的心，西方的手，中西合璧的混血儿的脸。心、手、脸是企业文化的三个层面。心是最内层，指企业文化的精神，就是魂、根。中国企业要有中国的精神、民族的魂；手是中间层面，主要是指落实在制度上；最外在的层面是脸，也就是企业的形象，应该是一个混血儿的形象，是吸收了东方和西方的精髓构建起来的形象。我国传统文化中最内核的东西是当代中国乃至全人类的一笔精神财富，也是我们这个民族的精神支柱，因而中国传统文化对改善企业的管理是至关重要的。

中国传统文化的特征究竟是什么？中国传统文化的核心，也就是中华民族的精神主要体现在两个方面，即一阴一阳，阳的精神就是自强不息、与时俱进、舍生取义，反映了儒家的思想；阴的精神就是厚德载物、宽容、柔弱、不争、无为，反映了道家的思想。这两大精神一刚一柔，一阴一阳，一儒一道，形成了中国文化两个强大的系统。这两大系统是互补的，互补之后就是阴阳的和谐、平衡，《周易》就是儒道互补的最高代表。

序　章

中国的传统文化就是中国人的心，中国人的魂，如果丢失了传统文化，那就是丢了心，缺了魂，那么我们的民族就变成了一个侏儒民族，就像鲁迅先生所讲的那样，中国人就没有脊梁了，没有脊梁不就成了文化的侏儒吗？所以传统文化对中国的意义应该说太重大了。中华文化的历史太悠久了，五千年各家的文化资源还是可以梳理出头绪的，如果我们忽略了传统文化，必然会困顿于模糊的过去与茫然的未来之间。

中国的企业现在面临的最大问题就是缺心，而缺心最大的表现就是企业高层搞内讧。有这么一句顺口溜来形容进入中年的这一代企业家：婚姻进入凉拌期，孩子进入叛逆期，事业进入迷茫期，心灵进入空虚期。这些企业家高处不胜寒，成了没有监牢的囚犯，自己被心灵束缚住了，处于内外交困的境地。所以他们是最值得同情的，是最需要关爱的。修心就是最大的关爱。

企业现在还有一种比较普遍的现象，叫"六同"现象。创业之初是同心同德、同甘共苦、同舟共济；一旦企业发展到了一定的地步，则是同室操戈、同床异梦、同归于尽。这种"六同"现象应该说是比较普遍的。为什么会出现这种现象呢？根本原因就在于缺心，好多企业缺失人文精神，好多企业家找不到精神家园，找不到终极目标。终极追求不仅仅是生死的追求，说大一点就是天地本体的追求，就是不朽的追求。而不朽的东西一定是无形的东西，无形的东西就是文化，就是精神。中国的企业、中国的企业家急需这些永恒的东西，这就是中华文化的精髓。

当然，中国古代文化不是灵丹妙药，不能包治百病，因而借鉴西方成熟的现代企业管理理论也是必不可少的。然而由于西方的管理理论是建立在西方的政治、经济环境、文化的基础之上的，中国人的思维方式、行为方式、生活方式跟西方都不一样，所以照搬过来肯定会水土不服，肯定是不行的。平心而论，在西方管理里面，在制度层面、技术层面，还是有很多合理的东西是中国企业所缺乏的。

中国的企业家需要解决的不仅是企业文化的问题，还有个人幸福观、财富观、道德与信仰的问题。道德的基础是人的尊严，信仰就是有做人的原则，所以中国企业家最重要的是，有自己真正喜欢做的事，更要有自己做人的原则，活得要有尊严，这样做事和做人都成功的话，就是圆满人生。

管理分三个阶段。第一阶段是人管人，第二阶段是制度管人，第三阶段是文化管人。人管人当然会带来"人论"的主观臆断。要构建中国化的管理模式必然从制度入手，所以第一阶段就应该更多地引入西方制度层面的管理思想、管理方法和管理手段。而我们现在基本上已经进入到第二阶段，这一阶段最需要做的就是建立中国管理方面的理论体系，也就是要构建中国式的管理模式，其核心就是中国的管理思想，就是中国几千年的历史积淀下来的优秀的、深入人心的东西。到了第三阶段就是"不管"，就是无为而治，也就是通过第二阶段建立一种信仰，企业里的所有员工都信仰国学精髓，都信仰儒道精神，都信仰"仁义礼智信"，都信仰"宽容、顺势、谦让、不争"，再加上第一阶段的合理、精细的管理制度，那么还需要人为的管理吗？因此第三阶段实际上是不管而大管，不为而大为，也就是庄子在《逍遥游》中所描述的"无己、无功、无名"的境界，这是管理的最高境界。所以管理实际上就是从0到1，再从1到0的过程。从0到1标志着企业家的成功，从1到0标志着企业家的成熟。而要达到0的管理的最高境界，只有靠心，可以进入另外一种处世态度：外化而内不化。进入这样一种境界，就是表面上同别人一样，但是内心则与道结合。

　　这种人看上去言行与别人同化叫"外化"，而"内不化"是代表精神上和道结合，能够操守不变，享受人生快乐而圆满的境界。能够坚持自己的人生原则并享有自己的快乐，做到不随俗浮沉。

为什么管理者要学习国学

　　为什么当代的管理者要学习国学？很多人问：现在科学技术这么先进了，社会历史发展都到这个地步了，为什么还要学习几千年以前古人的东西，还要去翻那些故纸堆呢？在说这个之前，请大家纠正两个基本错误：第一，人总是越来越聪明；第二，文化总是越来越进步。

第一个错误：人总是越来越聪明

人的大脑分为左脑和右脑，左右脑的分工是不同的。人的左右脑主管的各是什么呢？人的左脑称为语言脑，主管语言；人的右脑称为形象脑，主管图像。左脑主管理性思维、逻辑思维、数理思维等，而人的右脑主管非理性思维、直觉思维、体悟思维和形象思维。人的左脑的的确确是越来越发达、越来越聪明，但是人的右脑却是越来越退化、越来越笨。不妨想一想，今人的直觉思维、体悟思维能比得过古人吗？

左脑是意识脑，右脑是潜意识脑。脑接收信息的方式分为有意识和无意识两种，我们每天都会受到不同程度的有形或无形的刺激，引起我们的注意而产生不同程度的反应。有意识接收是人脑对于周边事物的刺激有知觉地接收信息，而无意识接收是人脑对于周边事物的刺激不知不觉地接收，这就是所谓潜意识。

美国知名学者奥图博士说："人脑好像一个沉睡的巨人，我们人均只用了不到 1% 的脑力。"也就是说，一个正常的大脑记忆容量有大约 6 亿本书的知识总量，相当于一部大型电脑储存量的 120 万倍。如果人类发挥其一小半潜能，就可以轻易学会 40 种语言，记忆整套百科全书，获 12 个博士学位。

根据研究，即使世界上记忆力最好的人，大脑的使用也没有达到其功能的 1%，人类的智慧和知识，至今仍是"低度开发"。人的大脑真是个无尽的宝藏，可惜的是每个人终其一生，都忽略了如何有效发挥它的潜能——潜意识中激发出来的力量。

潜意识的六大特征

（1）能量巨大：博恩·崔西说，潜意识是显意识力量的 3 万倍以上；
（2）最喜欢带感情色彩的信息；
（3）不识真假，直来直去；
（4）易受图像刺激；
（5）记忆差，需强烈刺激或重复刺激；

（6）放松时，最容易进入潜意识。

1981年，诺贝尔生理学或医学奖得主罗杰·斯佩里教授将左右脑的功能差异归类整理如下：

左脑（意识脑）——知性、知识、理解、思考、判断、推理、语言、抑制；五感（视、听、嗅、触、味觉）。

右脑（本能脑·潜意识脑）——图像化机能（企划力、创造力、想象力）；与宇宙共振共鸣的机能（第六感、念力、透视力、直觉力、灵感、梦境等）；超高速自动演算机能（心算、数学）；超高速大量记忆（速读、记忆力）。

美国得克萨斯大学教授阿格指出，右脑最重要的贡献是创造性思维。右脑不拘泥于局部的分析，而是统观全局，以大胆猜测、跳跃式前进，取得直觉的结论。

第二个错误：文化总是越来越进步

应该说历史文化是朝进步方向发展的，但也要看到有的文化形态，比如说宗教伦理早在公元前500年就定型了，以后并没有根本改变，所以这个时期被称为文化的高峰期，又叫"轴心期"。中华民族文化的高峰同样是出现在公元前500年左右，许多民族的文化几乎都是在那个时候出现一个高峰，直到现在还没有出现第二个高峰、第二个轴心时代。

"轴心时代"是德国哲学家雅斯贝尔斯提出的。他认为，公元前500年左右，各民族文化形成一个轴心，以后都没有偏离这个轴心。人类一直依靠轴心时代所产生的思考创造一切而生存发展，比如古希腊作为西方文化的摇篮，涌现出一批巨人和巨著，有苏格拉底、柏拉图、亚里士多德为代表的哲学家，有以宙斯为首的神话人物，有以《荷马史诗》为代表的史诗，至今影响着西方文化。可以说，西方文化是在古希腊文化的基础上发展而来的。

与此同时，在中国公元前500年左右的春秋战国时代，也出现了一批巨人和巨著。公元前585年，老子诞生；公元前551年9月28日，孔子诞生；还有诸子百家……

这段时间是世界各民族文化发展的高峰期，深刻影响着人类社会的发展。

应该说，迄今为止，人类还没有走出第一个"轴心时期"，21世纪也很难出现第二个"轴心期"文明。

《周易》——国学的精髓

在"轴心期"，《周易》这本书是最奇特的，因为它有一套神妙的符号，这是同时代其他著作所没有的。

为什么企业家喜欢《周易》？

时代变化非常快，20世纪80年代，学术界掀起了关于"文化"的讨论热潮，老百姓开始对《周易》关注起来。到了20世纪90年代，学术界掀起国学热。到了21世纪，尤其是近几年，在老百姓当中，尤其是成功人士中，对《周易》感兴趣的人越来越多，在国内又掀起了一场"国学热"。这场国学热与20世纪八九十年代的文化热、国学热不同，20世纪八九十年代主要是在学术界、思想界，这次主要是在老百姓当中，《周易》的生活化、大众化开始出现了，人们的兴趣点从"术"的层面提升到了"道"的层面，越来越认识到一个民族、一个企业不能缺乏"道"的支撑，不能缺乏精神动力。

"易道"就是中华大道，所以一定要抓住《周易》的精髓。抓住《周易》的精髓就是抓住了中国人的魂，中国人的命脉。从伏羲氏、神农氏，到黄帝、尧、舜、禹、汤、文、武，文就是周文王，武就是周武王，等等，一条脉络延续下来，继承的就是"易道"。所以我们要弘扬的是"易道"，而不是"易术"。"易贯儒道禅，道统天地人"，当然学术界有不同的看法，其实抓住《易》就抓住了国学的精髓、国学的命脉，就能贯穿儒家、道家和禅宗。"道统天地人"，这句话没有问题，这是《周易·系辞传》的意思："六者非它也，三材之道也。"所以我们要抓住"易道"。

第一章

《周易》与管理

第一章 《周易》与管理

《周易》是中国的《圣经》，是中华文化的元典，也是中国管理哲学的宝典。《周易》成书后，被运用于许多古代重大决策的制定，成为后世重要决策参考之一。经过儒家整理和阐发的《周易》理论博大精深，颇具内涵，其本身就是管理哲学。

《周易》是一本论述宇宙万物变化大规律以及人类知变、应变大法则的著作，不仅是宇宙预测学，而且是人生行为学。管理科学同样也要研究一个"系统"、一个"组织"的变化规律，因为只有掌握了规律，才能进行预测和决策，才能进行科学的管理。《周易》是中国管理哲学的宝典，《周易》蕴涵高明的管理智慧，历经数千年的不断丰富、不断提升，从而引起东西方管理大师的高度关注。

《周易》蕴含着宏观的管理思想，是一种后现代管理哲学。

《周易》的形成

《周易》的形成与中国历史的发展密不可分，它历经几千年，最终才形成我们现在看到的《周易》。《周易》经文只有几千字，加上传文也只有几万字。

在《周易》之前还有两部《周易》，即《连山易》和《归藏易》，人们将其总称为"三易"。据说《连山易》是神农时代之易，《归藏易》是黄帝时代之易，这两种易均已失传。"三易"都是六十四卦，其根本区别在于排列次序不同，因此产生了不同的理论体系。后来，班固把《周易》形成的过程总结为八个字"人更三圣，世历三古"。意思是说，《周易》形成的过程，在时间上经历了三代——上古、中古、下古，经历了三个圣人——伏羲氏、周文王、孔子。

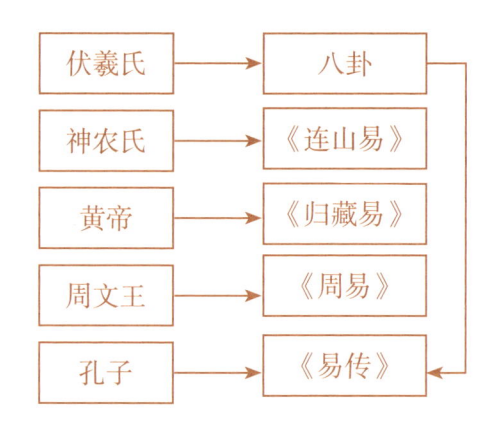

```
伏羲氏 → 八卦
神农氏 → 《连山易》
黄帝 → 《归藏易》
周文王 → 《周易》
孔子 → 《易传》
```

伏羲、神农、黄帝被称为"三皇",至于三皇是不是真的作了八卦、《周易》,当然在文物考据上还没有得到证实,更多带有传说色彩。这里只是按照古书的记载来阐述。至于周文王作《周易》、孔子作《易传》,从近年陆续出土的文物来看,应该说是有很大可信度的,不能轻易否认。

伏羲氏创造八卦

在中国的历史传说中,有一句非常有名的话:"自从盘古开天辟地,三皇五帝到如今。"伏羲氏是三皇之首,中华民族的人文始祖。据记载,伏羲氏统治天下的时候,"仰则观象于天,俯则观法于地,观鸟兽之文与地之宜,近取诸身,远取诸物,于是始作八卦。"伏羲氏抬起头观察天空,天上有什么?有日月星辰、有云彩、有彩虹等,但天上最重要的是太阳和月亮;低下头观察大地,大地上有什么?大地上的东西太多了,有山、水、树、草、房子、人等,但大地上最重要的是山和水;再观察人,人身上有什么?有心、肝、脾、肺、肾,有五官、四肢,但分男人和女人,男女最大的区别是生殖器,是男根和女阴。

通过观察,伏羲氏发现天上、地下、人身上最具特征的,是这三对东西,它们具有一个共同的特征,那就是既互相对立又相辅相成。例如山是静止的,水是流动的;山是坚硬的,水是柔软的。即一阳一阴,从中抽象出两个基本符号:"━"阳爻和"--"阴爻。伏羲氏将这两个符号进行组合,就形成了八卦。这是中华民族智慧的基因,是中国文化的基因。

伏羲氏在哪里创造的八卦呢？全国有好多地方在争，有好多地方有伏羲庙、画卦台，其中以甘肃天水和河南淮阳最为著名。

河南淮阳的文化宣传工作做得很好，他们举办了一个姓氏大会，所有姓氏都可溯源于伏羲氏。每年一次的中华姓氏宗亲会，都是在伏羲庙里召开的，有很多人参加，带动了包括旅游业在内各行业的兴旺。伏羲到底是哪里人？另一种说法是伏羲氏生于甘肃天水。遗憾的是甘肃天水的伏羲文化宣传工作没有做好，现在正准备做，如果做好了，旅游业和其他行业马上就会火起来。

文化是无形的，但文化的力量却是巨大的。文化是软实力，开发得好、利用得好能带来意想不到的效益——社会效益和经济效益等。

神农氏创作《连山易》

伏羲氏之后的第二皇是神农氏炎帝。在劳动实践中，他发明了中国最早的农具——耒、耜，从而大大促进了农业的发展，人们敬仰他对农业做出的贡献，所以称他为神农氏。神农氏还是中国最早的医药发明者。据说"神农尝百草，一日而遇七十毒"。

除此之外，神农氏炎帝还有一个重大的贡献，他将八卦每两卦一重，推演为六十四卦，首创《连山易》。所以炎帝又称为连山氏，《连山易》以象征山的艮卦为第一卦。后来这部《周易》失传，《连山易》六十四卦的排列因此不得而知。

《连山易》对春秋战国时期的墨子产生过重大影响。墨子主张"兼爱非攻"，在春秋战国时期与孔子齐名。他心为百姓，要求平等、节俭，代表了农民的利益和思想。墨子的思想实际上就是"山"，即山民的思想。

黄帝创作《归藏易》

第三皇是轩辕氏黄帝。据说他作了一部《归藏易》。《归藏易》后来也失传了，只知道它的首卦跟《连山易》不同，不是艮卦，是坤卦。轩辕黄帝认为坤象地而属土，而地面上的万物均归藏于大地，归功于大地。万物在大地上春生夏长，秋收冬藏，所以作《归藏易》。

据说《归藏易》两代成书，后来影响到老子。老子以大地、以女性、以无为为第一位，就是受到了《归藏易》的影响。

周文王作《周易》

周文王，姓姬名昌，史称西伯，是商末周族的领袖。他广施仁德，礼贤下士，发展生产，深得人民的拥戴，由此引起商纣王（后称殷纣王）的猜忌和不满。昏庸残暴的纣王听信谗言，将姬昌囚禁于当时的国家监狱——羑里城。

姬昌被囚禁七年，在狱中悉心钻研，他把伏羲氏的八卦规范化、条理化，演绎成六十四卦和三百八十四爻，并作了卦辞、爻辞，提出了"刚柔相对，变在其中"的富有朴素辩证法的观点，最终完成了《周易》这部千古不朽的著作。

如果说伏羲作八卦，神农作《连山易》，黄帝作《归藏易》还是美丽的传说，那么周文王作《周易》基本可以看作事实。多年前在西安出土了两个陶拍子，一个拍子上刻了四个卦，一个拍子上刻了既济、未济卦，分别是《周易》的第七、八、九、十卦和第六十三、六十四卦。这两个陶拍子是西周中期的文物，那些认为《周易》六十四卦形成于战国以后的说法明显是错误的。

孔子作《易传》

孔子的一生，用他自己的话来说就是："吾十有五而志于学，三十而立，四十而不惑，五十而知天命，六十而耳顺，七十而从心所欲，不逾矩。"据《论语》记载："加我数年，五十以学《易》，可以无大过矣。"《史记》也记载：孔子五十岁学《周易》，下了很大的功夫，以至于"韦编三绝"，即把穿书的牛皮绳都磨断了多次。

孔子把自己学习《周易》的体会写下来，对《周易》进行解释和论说，完成"十翼"，即《易传》。《周易》与《易传》合在一起，就称为《周易》。

《周易》发展成为一部内容博大精深的阐述宇宙变化的哲学著作，与孔子的研究和编辑完善是分不开的。儒家思想也吸收了《周易》的精华和许多合理的部分。

近现代有很多人否定孔子作《易传》，可随着1973年湖南长沙马王堆帛书《周易》以及20世纪90年代战国楚简《周易》的出土，学术界通过研究，发现《易传》和孔子是有十分密切的关系的。

对古人的说法，现代人千万不要轻易否定。存在主义哲学家雅斯贝尔斯认为，孔子是人类历史上"四大圣哲"之一，他与释迦牟尼、苏格拉底、耶稣齐名，对后世的影响极为深远。

孔子的人生历程，是由自我认识走向自我成长，并随着岁月的流逝而登上人生的最高境界，他做到了择善固执，以致止于至善。

"周易"二字的含义

易为蜥蜴

对于"周"和"易"的解释有很多。先看对"易"字的解释，"易"这个字有两种写法：第一种"易"，像蜥蜴，就是四脚蛇、变色龙，它的特点是颜色会变，所以"易"引申为变易、变化；"易"的第二种写法是象形字，上面是太阳，下面是月亮。

"易"为日月

冥想一下天空，天空有什么？天上最大的物象是什么？是太阳，还有月亮，就是《周易》的"易"字。《周易》的"易"是什么？就是太阳和月亮的组合。即使没看过《周易》，你冥想天空，静下心来也能想到太阳和月亮。人人都能看出这个"易"就是太阳和月亮。所以《周易》就是讲太阳和月亮周期变化规律的著作。它揭示宇宙万事万物变化的大规律，阳刚而阴柔，乾健而坤顺，和合化生，生克亨通，永无止息，永不懈怠。

易之三义

汉代有个学者郑玄，他将"易"字概括为三个意思：第一是变易（变化），第二是简易（简单），第三是不易（不变）。

"易"的第一个意思是"变易"

古人在天空中看到最大的自然物就是太阳和月亮，同时也看到了太阳和月亮的东升西降，这就是变化。"易"就是讲太阳和月亮的变化，"易"就是变易，变易就是变化。所以连在一起讲，《周易》就是讲太阳和月亮（那就是宇宙，后来就涵盖了宇宙万事万物）周期变化的大规律。《周易》通过六十四卦符号来描述宇宙万事万物周期变化的大规律，同时也告知人类应该怎样去预知这个规律，怎样去适应这个变化的大法则。"规律是不变的，法则是可以调控的。"学《周易》要有悟性，不在于你懂得多少文字知识、有多少古汉语知识，关键在于悟。"易"的第一个意思就是变易。

第二个意思是"简易"

简易就是简单。变易是变化，简易是指宇宙的组成、万物的变化是非常简单的。简单到什么程度？简单到只有一阴一阳两个符号。看天上的太阳和月亮，太阳就是阳，月亮就是阴，所有事物皆遵循一阴一阳的规律，所以这个规律——宇宙万事万物变化的规律是非常简单的，就一个阳一个阴。

第三个意思是"不易"

"不易"是什么意思？"不易"是不变。这怎么理解？《周易》是讲变化的，但《周易》又是讲不变的，这不是矛盾吗？这个"不变"是指什么？是指变化本身是不变的，变化的大规律是永恒不变的，"万事万物都在'变'"这句话也是永恒不变的。上面这些是"易"字的主要意思。

再看"周"的意思。通常认为"周"就是周文王，或者指周代，也有人说是周这个地方，即现在陕西岐山。笔者的理解是周期、周旋、周而复始，所以"周易"两个字概括起来就是周期变化。《周易》这本书讲的就是：第一，宇宙周期变化的大规律；第二，人类知变应变的大法则；第三，为人谋事的大智慧。这三个意思分别对应"易"之三义。

万事万物都呈周期变化，如太阳东升西落，周而复始；一年中春夏秋冬呈周期性变化。这些规律是永恒的，"不易"的。宇宙的万事万物都是变化的，而变化的本身是不变的。周期变化的规律是永恒的，这就是天道。

怎样去适应万事万物的变化？如何预测这些变化？《周易》告诉了我们一个法则，这个法则是"简易"的。掌握了这个简单的法则，人类就可以去预知、把握万事万物的变化。

《周易》为人谋事的大智慧就在"变易"当中。它强调"变易"法则，强调做人、做事要灵活多变，要按规律来变。《周易》不仅仅是预测学，还是行为学，它不但告诉人们某一时间、某一地点、某一事件的吉凶，还告诉人们怎样趋吉避凶、趋利避害。它教我们怎样随机应变、随时而变、随人而变，这里面充满了智慧。

《周易》的三大内容

宇宙周期变化的大规律

《周易》的精华在于"易道"，而不是"易术"。"易道"究竟是什么？它首先是宇宙周期性变化的大规律，它讲了一个大规律，所以《周易》这个"周"在我看来不是周文王，而是周期变化。为什么呢？《连山易》《归藏易》这两部《易》都没有带出人名，也没有带出朝代名，为什么《周易》这个"周"是人名或朝代名？我觉得周期这个说法比较到位。看出万事万物是变化的，这一点并不难，难的是能发现事物变化是有规律的，是呈现周期性的。古人的智慧太了不起了。

如果我们进入冥想入静的状态，冥想天上有什么？天上褪去的是什么？留下了什么？然后冥想大地，大地上有什么？留下了什么？然后冥想人，人身上有什么？人身上褪去的是什么？留下了什么？绝对地冥想放松以后，你会发现他们留下了共同的东西，这些东西被伏羲氏抓住了。

我刚才说了伏羲氏作八卦是这么做的，7000年后的老外们也看到了，"仰则观象于天"，他们也观象于天，"俯则观法于地"，他们也观法于地，但没有画出这个卦爻符号，我们的伏羲氏画出来了，为什么呢？就是因为伏羲氏用了一种整体的思维方式，将天、地、人最具特征的东西整合在一起，把它们共同的东西抓住了。那天上留下的是什么？就是太阳和月亮。所以《周易》有一句话"悬象著明莫大乎日月"，万事万物之中最大的就是太阳和月亮，日月上下组合是什么字？这就是"易"字，《周易》的"易"。东汉魏伯阳的《周易参同契》提到了"日月为易"，所以它讲的实际上就是宇宙运行的大规律。

天上最具特征的是日和月，大地上最具特征的是山和水，人身上最具特征的是男女生殖器，伏羲氏将这三组东西整合起来，于是发明了阴阳两个符号。两个符号的三次组合就是八卦。八卦从乾卦到坤卦反映了宇宙变化的规律。

到了周文王时，他进一步演变为六十四卦符号，即乾、坤、屯、蒙、需、讼、师、比、小蓄、履、泰、否……一直到既济、未济，讲的同样是宇宙或者天地周期变化的规律，乾坤代表的就是天地。屯卦是什么？是天地交合事物初生的那个阶段，"云雷屯，君子以经纶"，"屯"是指一种刚刚创生的状态，那种艰难的状态。实际上这个字非常形象，上面一横是大地，下面是一棵草，草要长出大地的时候，是怎么长的？是不是直直地出来？不是，就好像大地上有一块石头压着，所以它要打一个弯，那就是屯卦的

"屯"字，表示一种创生的艰难状态。"蒙"是什么？蒙是一生下来蒙蒙昧昧的情景，启蒙、发蒙的状态，发蒙之后就有"需"，需的原义是等待，后来指需求。接下来是发展变化的全过程，最后呢？既济、未济，既济是什么？就是已经过河。未济，就是还没有过河。就是说第一个周期的结束正是第二个周期的开始，周而复始，所以它讲了一个周期变化的大规律。统治者、管理者按照这个规律就可以治理天下、治理国家、治理企业。

人类知变应变的大法则

《周易》还是人类知变应变的大法则。社会上有些人一听《周易》就跟算命连在一起，以为《周易》就是讲算命的。其实不对。我说《周易》不是算命而是改命。《周易》虽然讲到了预测，但更重要的是决策。我们怎么预测？预测得对不对？从某种意义上说，预测当然是对的。因为掌握了大规律不就可以预测了吗？所以《周易》讲了"吉""凶"，但更重要的是讲了为什么吉、为什么凶，讲了怎样应变，即怎样适应这个变化。《周易》不仅告诉我们什么时候吉，什么时候凶，什么人吉，什么人凶，什么事情吉，什么事情凶，更重要的是告诉我们怎么趋吉避凶。《周易》中的话，前面是讲原因的，后面才是说"吉""凶"结果的。我们一定要注意前面说的这个原因。比如乾卦九五爻，"飞龙在天，利见大人"，大吉大利，这上面说得很清楚，利见大人就是利不见小人，你要是小人照样是不利的。什么叫"大人"？"夫大人者，与天地合其德，与日月合其明，与四时合其序，与鬼神合其吉凶。先天而天弗违，后天而奉天时。天且弗违，而况于人乎？况于鬼神乎？"做一个大人必须"四合"，这是《易传》的话，很重要。这才是《周易》的精华，所以我们讲"周易管理"，就是教人怎么做，怎么趋吉避凶。

人生处世为人的大智慧

《周易》的智慧，是百姓日用而不知的，用处非常大，把《周易》搞清楚了，生活中的问题就能看得清清楚楚，处理得明明白白。所以说《周易》

是生活，生活也就是《周易》。《周易》里面包含着处世为人的大智慧。所以张居正说："至圣人涉世妙用，全在此书。"

这不仅是企业家，也是我们所有人都该关注的，因为它是为人、谋事的人生大智慧。为人就是做人，谋事就是做事，那么管理就是其中的一件事，一件具体的事。《周易》包含了管理智慧，告诉我们做企业就是做文化，企业文化的基本要点是以人为本，做企业是手段，造福员工、造福社会才是目的；尊重每一名员工的人格，人的素质决定企业的命运，员工的创新能力是企业发展的关键；拥有共同的企业愿景、核心价值观，领导者应具备哲学智慧和人格魅力。

后世对《周易》的解释

《周易》内容丰富，所以后世对它的解释有很多，据不完全统计，民国以前，解释《周易》的书存世的就有2028种，远远超过解释其他四经的数量。解释《周易》是仁者见之谓之仁，智者见之谓之智。中国古代有个故事叫"郢人燕说"，说的是郢地，当时楚国的首都，有一个人给燕国的国相写信，因为天黑看不清楚，便叫他的仆人举起蜡烛照亮，一不小心把"举烛"两个字也写进了信里。燕国的国相接到信后反复琢磨，不知道"举烛"两个字说的是什么意思，后来他把"举烛"理解为郢人希望他洞察烛照，举用贤能的人，于是他照此办理，把燕国治理得很好。这个故事实际上有一个"解释学"的道理，说者无心，听者有意。很多后来看上去很深奥、很精辟的哲理其实就是这么"郢人燕说"出来的。现代社会科学、人文科学的不少理论，实际上就是不断"解释"的产物。《周易》就是这样一本书，它本来说的是"算卦"，可后来经过多少人的"解释"，就成了一本讲哲理的经典，而且从《周易》还引申出了阴阳哲学、玄学、炼丹术、医学，甚至还有天文学、历算等。更有人从中看出了"宇宙结构图""气功经络网""DNA 遗传密码"。这些解"易"的书加上《周易》本身，其实很简单，简单到本质上就是一阴一阳两个符号。中国文化的精髓就是"阴阳"哲学。如果不抓住"阴阳"哲学，就不能抓住中国文化的精髓。所以，我希望每位读者看完这本书，能有所收获，可以很有底气地说，我了解中国文化了。如果你是做管理的，你看了以后，能自觉地跟管理结合起来，并有你的解释，那你可以说我懂中国式管理了。

《周易》的文化地位

《周易》是中华文化的结晶，是国学的精华，它如奔涌不息的生命之水，汇成了悠悠数千年的中华文明，对东方各国及西方世界有着广泛的影响。作为管理者，需要了解的是《周易》的精髓和智慧。

《周易》在世界文化史和中国文化史上的地位可以用两个唯一来概括：

《周易》是世界文化史轴心时代唯一一本由符号系统和文字系统构成的书。

《周易》是中国文化史上唯一一本为儒家和道家共同信奉的书。

《周易》在世界文化史上的地位

"轴心时代"是德国哲学家雅斯贝尔斯提出的。

这一时代涌现出了一大批思想巨人和思想巨著，然而，只有一本著作是由一套符号系统和一套文字系统共同构成的，这就是《周易》。其他著作没有文字以外的符号，《周易》这一套神秘的符号，就是六十四卦、三百八十四爻。

《周易》在中国文化史上的地位

《周易》是中国文化史上唯一一本为儒家、道家共同信奉的书。儒家把它奉为"五经"之首，道家把它奉为"三玄"之一。《周易》不仅是中华文化最古老、最重要的典籍，而且是构成中华文明的主旋律和中华文化的聚焦点！

《周易》—《易传》—"易学"，不仅是"易文化"形成的三个阶段，也是中华文化进程的三部曲，是中华文明进行曲中的三个乐章，它标志着中华文化从巫术文化到人文文化、科学文化的发展过程。从某种意义上说，一部易学史就是一部中华精神文化发生、发展史。

《周易》—《易传》—"易学"，构成博大精深的"易学文化"，而"易学文化"的本质和核心就是"易道"。

"易道"是宇宙生命的本体理念与生成结构，是开物成务、彰往察来、弥纶三才的大规律、大法则，是天人同构、时空合一、中正合和的思维方式与价值取向。"易道"构成了中华文化最稳定、最本质的内核，决定了中华文化的面貌、特征和总体走向，代表了中华民族的深层心理结构，促成了中国人特有的生活方式、行为方式、价值取向、伦理道德、审美意识和风俗习惯。

因此，"易道"正是通贯儒家、道家的中华大道，是中国文化的主干，是中华民族的精神支柱。围绕什么是"中华文化的主干"问题，目前有三派观点，一是"儒家主干"说，二是"道家主干"说，三是"儒道互补"说，我是赞成"儒道互补"说的，但要进一步找出"互补"的交点，我认为儒道互补的交点就是"易学"，就是"易之道"，因此我提出"易道主干"说。

"易道"对中华文化各形态、各学科的影响是深层次的。无论是以易理为指导思想规范各学科的学术走向，还是以易图为框架构建各学科的理论体系，都说明了这一点。中国古代的社会科学、人文科学、自然科学、生命科学在形成、发展过程中，往往或援易为说，或援以入易，从而都或多或少地与"易"建立了一种亲缘关系。因而从"易学""易道"入手，探讨中国文化的精神，探讨中国文化各形态、各学科的思想来源、理论特征就成为必要，而且成为可能。

第一章 《周易》与管理

周易精神是管理的根本力量

谈管理，我想问：什么是最根本、最终极的东西？你们想想是什么？是制度、是技术、是科学，还是人？当然是人，是人性、是人心。人心管理就是文化管理。

那么，文化是什么？

据说学贯中西的文化大师钱钟书幽默地说过一句话，他说："你不问我什么是文化，我还知道文化是什么，你问我文化是什么，我就不知道文化是什么了。"的确，关于"文化"的定义至少有200多种。我认为文化就是"人化"，文化是人道的，也是为人民服务的。文化反映的就是人心。文化是一种精神，一种理念，一种价值观。企业文化的核心就是企业精神、企业理念、企业的核心价值观。

中华文化最核心的东西是什么？就是中华文化精神，就是大家和衷共济，成就天下大同事业，人民安居乐业，顺势而行，以日新又新的盛德走向富有的大业。

犹太民族的精神

2001年9月18号我在北大演讲，这一天是"九·一八"事变70周年。"九·一八"是国耻日。没想到某个片子上还说"九·一八"是光复日。这是犯了一个非常重大的历史性错误。光复日，那是谁的"光复日"，那是日本鬼子、日本帝国主义的光复日，那是中国人的国耻日。那天我演讲的题目就叫"易道主干"。我一上台就问了大家一个问题，我说：在今天这个特殊的日子里，我问大家一个问题：犹太民族在公元前586年亡国直到1948

年复国，这期间 2000 多年，犹太人居无定所，散落在世界各地。为什么他们能够在丧失国土 2000 多年后还能复国？大家都认为，犹太民族有一种民族精神。每个伟大的民族都有自己的民族精神！

我接着问他们：犹太民族精神的载体是什么？他们回答：犹太教。宗教也是一种精神。犹太教的《圣经》就是后来基督教《圣经》中的《旧约全书》。

《旧约》加上《新约》就成了基督教的《圣经》。犹太民族就是因为有那本经典，所以能两千多年来人散神不散。犹太教的圣地是耶路撒冷，耶路撒冷那个地方不是一直有战争吗，已经打了两千多年了。因为这里是这三个教的圣地，所以他们都在争夺这个圣地。所以你想一想：一种精神是何等的重要！有了这种精神，人可以为它去死。这就是精神的力量、精神的作用。

可以说，不了解犹太人就不了解现代商业。他们无论是创业经商、经营管理，还是家庭教育、为人处世，犹太民族都有优秀的品质，超人的智慧，他们在数千年不断创造奇迹的历程中，积累了丰富的优秀文化和人生智慧，并在世界各个领域创造了辉煌的成就。

从犹太教《圣经》中，从犹太人复国的历程中，从三教圣地中，我们应该受到启发，受到震撼！那就是文化的力量、信仰的力量、精神的力量是何等巨大！

文化的魂——精神文化

文化可以分成三个层面：精神文化、物质文化和制度文化。其中精神文化是文化的内在方面，物质文化是文化的外在方面，制度文化是文化的中间层面。精神文化是一种文化的信仰，通常表现为哲学和宗教。比如西方文化的精神层面基本上可以说是基督教信仰和希腊哲学。所以有人说西方文化的来源是"两希"，就是希腊和希伯来。中国文化在精神层面就是中国文化的价值观念和思维模型。我曾经在我的著作里讨论过模型与原型的区别，还在学界引起一定的影响。我认为中国文化的思维模型就是《周易》

的思维模型，说白了就是阴阳中和的思维模型。当然，中国文化的精神层面还包括儒家文化和道家文化等，它们在"易道"模型上相通。精神文化是无形的，同时也是力量最大的。我们通常说要保护文化，不仅仅要保护文物古迹，真正的文化传承应该是精神文化的延续。学习《周易》就是传承中华民族的文化。

我们再谈谈物质层面的文化。无形的精神文化往往表现为有形的物质文化。精神是无形的，物质是有形的。有形的物质存在是无形的精神财富的体现。所谓"富润屋，德润身"，精神的东西自然会体现为物质的东西。所以，一个企业能够有大的发展，必然是有普通企业所没有的精神力量。没有精神内涵就没有企业的发展，名牌的背后是文化。

中国的物质文化非常丰富，没有断层，以前有四大文明古国。它们是古埃及、古印度、巴比伦和中国，都为后人留下了丰富的物质文化。可是除了中国文化外，其他三大古文明都中断了。巴比伦就是现在的伊拉克，打仗打得最凶的巴格达就是当时文化的中心。埃及有金字塔，但是金字塔具体是怎么回事就不知道了，所以有"金字塔之谜"一说，有人说这是外星人的礼物。古印度文化的繁荣大概在现在的印度、巴基斯坦、阿富汗、邻近中国边界一带，曾经形成一个发达的中心。但遗憾的是它们的文明都中断了，其中最重要的就是它们的文字都失传了。中国文化没有中断过，我们还在使用古老的汉字。中国文化的物质表现形式包括古代的建筑、传统戏剧、民俗民风等。我认为，中国古代的科学技术和管理模式都受到过《周易》思维模型的启发。

管理的三个层面

说到管理的层次划分，我们先看一个图。

八卦
坤 艮 坎 巽 震 离 兑 乾

四象
太阴 少阳 少阴 太阳

两仪
阴 阳

太极

　　这是伏羲八卦次序图，说的是太极生两仪、两仪生四象、四象生八卦的过程。实际上它可以分四层。太极一层，两仪一层，四象一层，八卦一层。又可以分三层，太极是一层，这个太极指的是"不易"，"易"有三个意思，一个是变易，一个是简易，一个是不易。那么太极是不易，它是永恒不变的。两仪是简易，四象八卦可以归为一层，都属于"变易"这个层次，它们是变化的。

　　这三个层次用在管理上特别合适，管理实际上也分三个层面。有人说管理分三个阶段，第一阶段是人管人，第二阶段是制度管人，第三阶段是文化管人。也有人说管理分为管理经验、管理技术、管理科学、管理哲学、管理艺术，有各种不同的说法。我看管理可以归结为三个层面，管理技术、管理科学、管理哲学。这个层面分别对应太极、两仪、四象八卦。太极层面，也就是不易层面；两仪层面，也就是简易层面；然后就是四象五行八卦层面，这里还有五行。五行虽然在《周易》通行本里没有提到，但是帛书《周易》中提到了，而且后世又把它们弄到一起了。一般都说是西汉京房第一次把五行和八卦结合在一起，实际上这是不对的，应该在以前就有了，因为在帛书《周易》里就已经提出来了，所以五行八卦属于"变易"这个层面，它们分别代表了管理的三个层面。

管理哲学 / 太极管理

太极层面的管理，从特征看有"不易"的特点，它是战势管理，管的是"心"的问题，是规律性的问题，考虑的是"为什么"。所以偏向于"无形"，是管理的哲学，是一种领导思维。从思想渊源上看，更多的取自道家。

太极这个层面是"战势的管理"，研究的问题就是"战势"。"战势"是什么呢？战势就是指战争的趋势、战争的规律，太极对人来说就是指人心，指人的价值观，这是最重要的。

管理的最高境界就是战势的管理、太极的管理，一般的企业家都喜欢看《孙子兵法》，实际上《孙子兵法》就讲了一个字，那就是"势"，战势的"势"。《孙子兵法》一共十三篇，第一篇计篇，主要讲五件事，"道、天、地、将、法"，第一件事就是"道"，"道"也就是"势"。《孙子兵法》将"势"与"声""色""味"做了比较，说"声不过五"，"五声之变，不可深听也"，声音不过五种，即宫、商、角、徵、羽，五种声音组合在一起却永远也听不完。"色不过五"，颜色不过五种，即青、赤、黄、白、黑，"五色之变，不可胜观也"，五种颜色的组合变化永远也看不尽。"味不过五"，味道只有五种，就是酸、苦、甘、辣、咸，"五味之变，不可胜尝也"，五味的组合变化永远也尝不尽。最后说到"势"，"势"分奇、正两种，可是"奇正之变，不可胜穷也"，奇正的变化永远也穷尽不了。《孙子兵法》问，怎么才能取得胜利呢？它讲了一个关键性的字，就是"势"字，"势"分为"奇"和"正"。《孙子兵法》认为，要取得胜利非常简单，"以正合，以奇胜"，就是出奇制胜。抓住了"势"，实际上就抓住了取胜的关键。这个"势"就是太极，太极的问题就是回答了为什么要这么做的问题。

企业的核心问题是战势问题，就是要解决为什么要这么做的问题，即要明白"我们的事业是什么"，它是决定企业成败的最重要的问题。"战势"比我们通常讲的"战略"要高一层次，它不仅是企业的目的问题，更是整个市场、环境的问题。所以企业的"战势"问题即"太极"问题，用现在的术语来说，实际上讲的是一个管理的哲学问题，它是偏向于无形的，道家在这方面有优势。"战势"思维即"太极"思维，是企业领袖必须具备的一种思维，也就是说，作为企业的一把手，首先要考虑企业的战势。现在有很多老板很累，心力交瘁，非常焦虑，我常跟他们说要抓战势，既要考虑到市场大势、社会趋势，还要考虑企业和个人的价值观念，考虑到自己的社会角色、社会定位，明确终极目标，而不是具体的管理技术、操作方法、营销手段，这是职业经理人考虑的事情。

管理科学 / 两仪管理

两仪层面的管理，从特征上看有"简易"的特点，它是战略管理，管的是"脑"的问题，是规则的问题，考虑的是"做什么"，是中间层面的管理，类似于管理科学，是企业家思维，侧重组织设计、商业角色定位等。从思想的渊源上看，更多的取自儒家。

这个层面的要求简单明了，讲究科学规则，阴阳分明。

这是中间的一个层面，实际上讲的是管理科学，这个层面的问题是一般企业家会考虑的，他们考虑的是战略，这个战略具体讲就是做什么的，企业家还不是企业领袖，中国到目前为止能称得上企业领袖的企业家还不多。现在的一些企业家考虑得更多的是战略问题，是企业组织设计、内部结构、外部联系等。

管理技术 / 五行八卦

五行八卦的管理，从特征看有"变易"的特点，它是战术管理，战术讲究创新、变化。它管的是"手"的问题，是规定的问题，考虑的是"怎么做"。它偏向于"有形"，更多的是管理技术。它是经理人思维，侧重过程的实施、企业角色的定位等。从思想渊源上看，更多的取自法家。

由于企业的目的是超越企业本身的，是存在于社会之中的，企业的目的是创造顾客，是为社会服务的。这是管理大师德鲁克说的。企业的两个基本功能是营销和创新，这有一定的道理。

五行八卦是"变易"的层面，这个层面叫作"战术"。八卦讲究"变卦"。五行八卦"变易"的管理属于最基础的管理，它考虑的是战术问题，这个战术问题回答的是怎么做的问题。它是有形的，是一种管理的技术，用起来很有意思，而且在管理上特别实用。如果我们一开始就给企业一把手讲太极思维，他们不能一下子接受，为了让他们能听得进去，我们要先讲稍微低层一点的、具体一点的，就是要给他讲得越实在越好。那要讲些什么？只需给他们讲五行八卦、五行人格、八卦预测，他们觉得这些非常好，非常管用。

这样的话，我们就为《周易》管理构建了一个系统，《周易》的管理实际上是个系统，现在也有人在讲"周易管理"，但是还没有讲到这个系统。

《周易》管理是一个系统

《周易》的太极阴阳思想、三才合一思想、位时应中思想、保合太和思想，是东方管理哲学的精髓。此外，《周易》的变易不居思想、刚健有为思想、扶阳抑阴思想、升降交感思想以及运数取象思想，对管理经营都有很大的指导性与启发性。笔者将《周易》的管理哲学概括为"六字法则"，即

"一二三五八〇"。

"一"就是太极管理。太极象征最高主管，象征最终极、最根本、最重要的管理问题。"一"的领导艺术在"时"。时，指时位、时机。六十四卦表示六十四"时"，每卦六爻的变化情状，均体现出事物在特定"时"的变化、发展规律和卦义的特定背景。对一个最高管理者来说，密切关注时态，及时捕捉苗头，准确把握时机，是十分重要的。如果说空间的变化还可以用人力变通的话，那么时间的变化有时却非人力可以挽救的。因而不失时机乃最高管理者的一条基本原则。《周易》的"时"往往与信息——消息相联系。《丰卦》的象传说："天地盈虚，与时消息。"意为客观世界阴阳盈虚变化是随着时间的变化而变化的。"消息"意同消长，又可理解为信息。时间的转移、变化蕴藏着瞬息万变的各种信息。管理者应对这种高度敏感、高速变化的信息及时做出反应，同时还要迅速而准确地把握企业经营的信息，并及时反馈给社会。

"二"就是阴阳管理。阴阳象征上下级，象征我与人之间的相互关系，也象征阴柔管理与阳刚管理两大法则。"二"的管理艺术贵在"应"。

应，指阴阳对应，呼应。六十四卦中，一与四、二与五、三与六爻相应。凡阳爻与阴爻或阴爻与阳爻相应，称为"有应"；阳爻与阳爻或阴爻与阴爻相应，称为"无应"。一般情况下，有应为吉，无应为凶。阴阳相感应也是管理原则之一，管理者与被管理者只有相互感应，上下一心，才可万物化生，百业兴旺。

"三"就是天地人管理，也就是三才管理。三才象征上中下三级，象征天时、地利、人和的整体管理。"三"的组织艺术贵在"位"。六十四卦每一卦有六个位，分为上下三位，其中第一位、第三位、第五位为阳位；第二位、第四位、第六位为阴位。《周易》认为，阳爻居阳位，阴爻居阴位为"得位""得正"，主吉，反之则不得位，多主凶。也就是说事物发展有空间的基础，如具备这个基础则往往成功；失去这个基础，则往往失败。管理上也是如此，应考虑各层级职员的位置，使他们各得其所，各尽其能。这就要求管理者任人唯贤，让他们最大限度地发挥各自的才能。一切数据、决策、信息、沟通都是由下而上，由内而外，从基层反映到上层的。东南亚国家的管理，受中国文化天大、地大、人亦大的传统精神及时位观念的影响，企业的管理者和被管理者都应该成为自觉自愿的、不违伦理规矩的、主动关心企业生存与发展的人。高层、中层、基层各居天人地爻位，中层管理者是第一线管理人，地位十分重要，故在选拔、培植和派任上对企业的兴旺关系极大。三才统一是《周易》的基本思想，是中国文化的重要观念，它渗透到文化的各层面，包括管理领域。

"五"就是五行管理，五行象征五种能力：核心竞争力（金）、驾驭变化力（水）、学习创新力（木）、价值提升力（火）、资源整合力（土）。也象征五种人格，一个管理团队、一个企业组织需要在不同的岗位上放不同五行的人。五行之间有相生相克关系，还要综合考虑。"五"的平衡艺术贵在"中"。中，指中位，中道。五行中"土"居中，土不占四方而统领四方，不占四时而统领四时，所以最重要。六十四卦中，二、五两位为中位，不管阴爻还是阳爻居中位，皆吉。然如阳爻居五位，阴爻居二位，则既得正，又得中，为大吉。管理者管理企业、管理下属均要遵循中道，不可有私心杂念，不可有所偏颇。一个组织像一个大家庭一样，如果五行搭配合理，就会充满和气，使管理者与被管理者都称心如意。这种中道管理（或称"中庸管理"）在西方叫品质管理圈，它既不同于以人事为中心的管理，也不同于以生产为中心的管理。中道管理符合乾卦的"安人"理念。

"八"就是八卦管理，八卦象征八种状态，即刚健（乾）、柔顺（坤）、动荡（震）、成长（巽）、风险（坎）、价值（离）、停止（艮）、喜悦（兑）。"八"的变化艺术贵在"和"。《周易》指出："乾道变化，各正性命，保合太和，乃利贞。""太和"是一种和谐、统一、兼容的自然境界、社会境界、政治境界，也是管理者所追求的目标。管理者在管理与被管理、劳与资、上与下等矛盾激化时，要尽量克己安人、多行退守、和平相处，不到万不得已，不要采取过激行动。要善于运用离合、异同的法则，异中求同，离中求合。在正邪之间也要采取宽大包容的态度，化异己力量为同己力量。实际上，凡是企业内部团结，上下关系融洽，其企业一定成功。

"零"就是无极管理，无极象征管理的最高境界，"零"的经营艺术贵在"神"。作为最高管理者不要事无巨细，面面俱到，要善于放权，多考虑战略问题，不要过多考虑战术问题。"神"是一种无形的文化理念，是一种管理哲学。只要学会《周易》管理哲学，掌握《周易》大智慧，就能够不战而胜，无为而治。

讲《周易》为什么要从三皇五帝开始？这说明中国人有一个源远流长的道统，一个命脉。这才是最关键的，不要去学那些小的、枝节的东西，要抓住核心的东西。这个核心就是"易道"。抓住核心就可以"神道设教"了。中国有没有宗教？如果从西方的宗教概念来看，我们没有宗教，但是中国有自己特殊的宗教，就是我们的道统。"神道设教"中"神"是使动词，使道神起来。道就是"易道"，大易之道，抓住太极管理，就抓住了脊梁骨，中国人一下子就站起来了。

《周易》管理是一个过程

《周易》管理是一个过程，实际上就是从"0"到1再到"0"的过程。从"0"到"1"标志着一个企业家的成功，从"1"到"0"标志着一个企业家的成熟。

在这个过程中，太极是1，两仪是2，五行是5，八卦当然就是8了，太极之前有一个无极是0。我们把无极看成0，这只是为了说明而已，管理的最高境界就是0。

我们的事业是什么？这个看似简单而普通的问题，正确答案却不是显而易见的，只有经过努力思考和研究才能回答出来。

从"0"到"1"再到"0"，是管理的过程，是人生的一个过程，也是我们做事情的一个过程。这是一个大规律，是一个战势，这个"势"是任何东西都规避不了的。从"0"到"1"再到"0"，蒙牛的老板牛根生曾问我："是不是这么个意思，我们这些企业家过去是无产阶级，现在可以说是有产阶级，最后还要回到无产阶级？"我说："对了，你这个理解太对了。"实际上第一个"0"叫作"被动的0"，后一个"0"叫作"主动的0"，有的人说反正都是"0"，还要经过"1"干什么呢？绝对要经过"1"，这两个"0"不是一回事。我在培训中讲过庄子的《逍遥游》。庄子的《逍遥游》分三个层次，中国人都喜欢分"3"。所以，一个机构、一个布局，最佳结构就是分"3"，1个老总、2个副总，或者1个老总、4个副总，它的基数都是"3"，三生万物。当然三生万物这个问题我有我的看法。那么三个层次指的是什么呢？就是最终回到"0"，这也跟禅宗讲的三个境界是一回事。禅宗讲第一个境界，见山是山，见水是水。第二个境界，见山不是山，见水不是水。第三个境界，见山还是山，见水还是水，从"0"到"1"再到"0"。见山是山，见水是水，第三个境界和第一个境界不一样，必须经过一个彻底否定的过程，这样你才能领悟到人生的第三个境界，即最高的境界。

企业家要明白企业未来的市场潜力和行业发展趋势，5年、10年后市场环境会有哪些变化？你的企业直接和间接的竞争对手是谁？哪些创新可满足顾客新的需求？现有的产品和服务能使顾客满意吗？以上这些问题需要企业家领悟践行，并形成上下呼应、步调一致的局面。

从"0"到"1"：标志企业家的成功，从"1"到"0"：标志企业家的成熟

前面我们讲过了"0"和"1"的管理，这个"0"和"1"，可以有很多内涵，就像牛根生说的那样，从无产阶级到有产阶级，最后再回到无产阶级，从无到有，再从有回到无。

有一次我讲到这里，下面就有人提问了，说，张老师讲课就是鼓动我们把所有的都捐出去，什么都不要了。要是这么极端地理解捐赠似乎也有点不妥。捐出一部分当然是可以的，因为生不带来，死不带去。人带不走任何物质的东西，完全可以拿出来帮助更多的人。

"0"，更多的是管理理念，是个人修养，到那个境界了自然就做到了。另一个方面说，达到了那个境界，体会就自然有了，这样的例子有很多，有些企业家从一把手位置上主动退下来，自己轻松了，企业也发展得更好了。管理是个过程，是不断成长、成熟的过程。

企业家还要经常思考是否从事的是正确的事业，不断检查企业发展目标，保证企业朝着正确的目的地前行，而不是完全受环境或意外情况的摆布。

由于企业与社会的密不可分，企业家的责任感直接影响到社会的发展，企业对社会的首要责任我认为是盈利，一个"0"境界的老板，企业一定是盈利的。只有盈利，才能为社会创造财富。同时，一把手必须确保管理层

是良好的班子。

更为重要的是企业家必须认识到，企业的每一个决策、每一次行动可能会对社会产生什么影响，企业的每一项行动应该是让公众增加福利，为社会的和谐、安定和发展做出自己的贡献，这才是一个企业家从"1"到"0"，走向成熟的重要标志。

第二章

太极管理

第二章　太极管理

"太极"，本义是指宇宙的总根源，引申为最根本、最重要的东西。在企业中，"太极"代表企业最重要的、不可改变的东西。董事长、最高主管要有太极思维，即"和"的思维，从而使员工一心一意。

太极图和"太极"的内涵

下面简单说说太极管理。太极图外面是套着八卦的，太极图黑白鱼的走向和位置恰好是外圈八卦阴阳交互变化的形象表示。我写过一本书叫《易图探秘》，已做了详细考证，这里就不讲了。因为跟企业家讲这个东西，好多人听着会烦。所以我这里讲它的精髓，就是太极思维。掌握太极思维，按照太极思维去做管理，这是对太极图的运用和发挥。太极图是可以再诠释的，因为"易"是不断发展的。

太极图最基本的思维是什么？我们和另一张图做一下比较就清楚了。另一张我把它叫矛盾图，中间一道直线，左右两边一边是黑色，一边是白色，表示黑白分明，万事万物都可以分析得清清楚楚。黑白之间是无法调和的、截然对立的，没有中间状况，这种思维就是对立的、分离的、斗争的思维。太极思维不是这样。你看太极图中间是S曲线，白鱼中有黑点，黑鱼中有白点，说明万事万物都是相对独立的，都是可以互相包容、互相转化的。所以太极思维是一种整体的、包容的、和谐的思维。

再来看"太极"这个词。"太极"，本义是宇宙的总根源，引申为最根本、最重要的东西。在一个企业中，"太极"代表什么？"太极"代表企业最重要的、不可改变的东西。前面说了，太极代表董事长、代表最高主管、代表最高主管的一身正气、代表企业人的一心一意等。不过这些也是会变的。太极指董事长，但不单指董事长，董事长是可以变的，如同阴阳也是会变的。什么是阴？什么是阳？说男人就是阳，女人就是阴吗？我说其实不然，女人也能是阳，男人也能是阴。为什么？很简单，要放在不同的关系里面，你看父母和子女，父母是阳，子女是阴。父母中的那个母不是女的吗？子女当中的子（狭义的子）不就是男的吗？那这样看，男的不就是属阴的，女的不就是属阳的了吗？这个未必是固定不变的，这就是"变易"，所以不能太僵化。为什么用八字算命往往不准确呢？就是说得太教条了，这些都是浅层面的问题。

企业管理最关键的是要学会太极思维，我认为下面的三点最重要。第一，一个企业，尤其是企业主管，要用太极思维；第二，用太极来建立企业文化；第三，企业人的人心是最重要的。

韩国人在太极图上加上乾坤坎离四个卦，当作他们的国旗。国旗是一个民族精神的象征，可见韩国人是将《周易》太极精神当作民族精神的。从这点看，韩国的确是一个值得尊重的民族。我们有些人一提到太极八卦马上联想到封建迷信，这是很可悲的！

太极管理的领导艺术贵在"和"

《周易》中的"阴阳"观念，对中国文化有着极为深远的影响。它不仅作为两性文化的观念符号，与儒道互补的"文化结构"相联系，而且还以一种更加潜在、更加抽象，同时也更加隐蔽的方式铸造着整个民族的"思维结构"。太极思维的核心就是"和"，太极管理的领导艺术贵在"和"，中华民族的核心精神也是"和"。

"和"与中西方思维的差别

西方传统的思维结构是二元对立，中国古代的思维结构则是阴阳思维。

美国哈佛大学教授亨廷顿曾写过一篇文章《两种文明的冲突》，认为世界上有两种对立的文明，一种是基督教文明，另一种是儒教。弗朗西斯·福山在亨廷顿的基础上进行了发挥，写了另一篇文章《历史的终结与最后的人》，认为基督教和儒教的矛盾是无法解决的，最终可能基督教文明战胜其他文明，美国式的政治、民主成为全球的价值观，美国式的政治制度占统治地位，这样历史就可以终结了。这是典型的二元对立思维，认为两种文明之间存在无法逾越的鸿沟，是不可调和的、矛盾对立的。

全球化是当前许多企业、国家追求的目标，希望实现世界地球村，但是也有各种经济指标的考量，比如在限制能源的使用上，包括美国在内的许多国家本身应该被限制，而按照美国的价值观制定世界秩序，显然是不公平的。

而《周易》思维是太极和谐思维，不是矛盾对立思维。儒教文明是以易道为核心的，它和道教以及中国化的佛教都是太极思维。儒教信奉的目标是成为圣人，道家追求的是成为仙人，佛家信奉的是觉悟的人（佛）。圣人、仙人和觉悟的人，跟凡人之间没有鸿沟。"放下屠刀，立地成佛""明心见性，即可成佛"，只要修身、修炼、修养，人人都可成为圣人，成为仙人，成为佛，没有明显的不可逾越的鸿沟。

在世界各个文化理念中，儒家的人生论与道家的自然观都行得通，主张人性要善、要真诚，主张处理好人与自然的关系，主张包容、和谐，这些智慧在我们今天意义重大。

从中国历史看"和"

"和"字有两种写法，第一种写法是"和"字下面是个口，它最早表示用嘴发出来的一种声音。第二种写法，"和"字有三个孔，这三个孔好比笛子的三个孔，使音乐发出和谐优美的声音。

太极思维是"和"的思维，是你中有我、我中有你，不是截然对立的。

在中国历史上，人们究竟如何思考这个问题？让我们回到古圣先贤那里去看一看。

《尚书·尧典》：协和万邦

"和"字精神，在中国历史上很早就已出现。在《尚书·虞书·尧典》里，记载了这么几句话："克明俊德，以亲九族。九族既睦，平章百姓。百姓昭明，协和万邦。"这几句话对后世影响非常大，"俊德"即美德，能把高尚美好的品德发扬光大，就能使九族之内的人亲密团结，百姓安乐，万国友好，社会就会变得和谐。所以我们中国人始终强调一个"和"字。

管仲—鲍叔牙

春秋时期非常有名的管仲，是齐桓公的宰相。因为有管仲的辅佐，齐桓公成为春秋五霸之首。鲍叔牙是齐国的大夫，少年时就和管仲友善。管鲍之谊的故事充分体现了"和"字，体现了中和、合和、平和的精神。

管仲在回忆与鲍叔牙的交往时说："吾始困时，尝与鲍叔贾。"据说，管仲小时候非常穷困，曾经跟鲍叔牙一起做生意，分财利时他常常多拿一些。鲍叔牙不认为他是贪婪的人，而认为他是因为家里贫穷的缘故。后来，管仲和鲍叔牙一起做事，越做越差，鲍叔牙不认为他愚蠢，因为鲍叔牙知道，时势有有利的时候，也有不利的时候。管仲曾经多次做官，多次被罢免，鲍叔牙不认为是管仲没有才能，他觉得是管仲没遇到好时机。最后管仲感叹："生我者父母，知我者鲍子也。"这种友谊，充分体现了"和"字。

这种"和"的境界是如何达到的？如何才能拥有这种友谊？从鲍叔牙的角度看，他非常宽容、能赏识别人，而且能原谅别人，有了这种胸怀，才能达到"和"的境界。

晏子："和如羹焉"

晏子有一句名言："和如羹焉。"在中国历史上，一向认为"和"与

"同"是不同的两个概念，有所谓"和同之辨"。《左传·昭公二十年》记载："公曰：唯据与我和夫？晏子对曰：据亦同也，焉得为和？公曰：和与同异乎？对曰：异。和如羹焉，水火醯醢盐梅以烹鱼肉，燀之以薪。宰夫和之，齐之以味，济其不及，以泄其过。君子食之，以平其心。君臣亦然……今据不然，君所谓可，据亦曰可。君所谓否，据亦曰否。若以水济水，谁能食之？若琴瑟之专一，谁能听之？同之不可也如是。"这段话的意思是，景公说："只有梁丘据与我和谐啊！"晏子回答说："梁丘据也不过是相同而已，哪里能说是和谐呢？"景公说："和谐与相同有差别吗？"晏子回答说："有差别。和谐就像做肉羹，用水、火、醋、酱、盐、梅来烹调鱼和肉，用柴火烧煮。厨工调配味道，使各种味道恰到好处。味道不够就增加调料，味道太重就减少调料。君子吃了这种肉羹，用来平和心性。国君和臣下的关系也是这样……现在梁丘据不是这样。国君认为可以的，他说可以；国君认为不可以的，他也说不可以。如果用水来调和水，谁能吃得下去？如果用琴瑟老弹一个音调，谁能听得下去？保持一致不能和彼此相和相提并论，说的就是这个道理。"

史伯："和实生物"

春秋时期，有一个人叫史伯，他说了非常有名的八个字，叫"和实生物，同则不继"。它表明，只有"和"才能产生万物，而"同"是不能持续发展的，不能产生万物。

孔子："君子和而不同"

孔子也有一句名言："君子和而不同，小人同而不和。""和"跟"同"是两回事，"和"是要把不同的东西调和在一起，只有用不同的东西进行调和，才能产生新的东西。而"同"是把不同的东西变成相同的东西，抹杀各自的特性。

企业开董事会时，如果提一个意见，大家都说好，没有别的意见，那就叫"同而不和"。只有意见不同，才能把不同的意见综合在一起，从而提升企业综合实力。用人也一样。团队，尤其是管理团队，一定要用不同意见、不同个性、不同风格的人。有了这样的人，团队才有生机。老总千万不要一人说了算，否则会变成一个"同"的局面。完完全全相同，没有不同意见就没有生命力，就不可能持续发展。

老子：中和

老子《道德经》中说："道生一，一生二，二生三，三生万物。万物负阴而抱阳，冲气以为和。"马王堆帛书本记载为"中气以为和"。"道"是独一无二的，"道"本身包含阴阳二气，阴阳二气相交而形成一种适匀的状态，万物在这种状态中产生。万物背阴而向阳，阴阳二气相互调中、交合形成新的和谐体。

"一"就是"道"，"道"是绝对无偶的。"二"是指阴气、阳气，"道"的本身包含着对立的两方面。阴阳二气所孕育的统一体即是"道"。因此，对立的双方都包含在"一"中。"三"，好多人认为是由两个对立的方面相互矛盾冲突所产生的第三者，进而生成万物。我认为不是，"二"好比是男人和女人，来了一个第三者，他们还怎么交合？怎么生孩子？老子这个"三"实际上是和，是把阴阳合在一起，这样才能产生万物。万事万物都分为阴阳，而阴阳要"和"在一起，由气把它调整到一个"中"的地步，就构成了"和"，就达到"太和"的境界。

"和"字一直是中国人的传统思想，如"和气生财""和为贵""家和万事兴"等，都体现了这样的思想。

中国企业的根本问题在于缺乏"太极"思维

太极思维应该成为中国企业的一种思维方式。现在民营企业遇到的最大问题可以归纳为两个方面，即外部的问题和内部的问题。

外部的问题是指企业的外部环境不公平，民营企业和国有企业、真民营和假民营、有背景的民营和没背景的民营，他们享受的政策和政府的扶持力度是不一样的，这是一个方面。

还有内部问题。最大的问题当然是人的问题，某些企业大家互相不信任，员工不相信老板，老板也不相信员工。还有内部的管理制度，问题非常多。

外部与内部最核心的问题是什么？应该是老板的问题，是老板的价值观念问题，也就是老板缺乏"太极"思维。

企业家最重要的职责，就是应该承担社会责任。这样，员工就会把企业看成实现自己人生目标的平台，企业也需要员工为公司做出贡献。企业和个人的关系，可以说是水和鱼的关系。一个道德缺失的社会，很难成长出更多的大企业，一个健康的企业不可能在一个病态的社会中生存和发展。企业是社会的一个器官，不会脱离它连附的肌体而存活。

太极思维之一——系统整合

太极思维重要的一点是系统整合，用现代词语来说，太极是一个典型的整合体，什么东西都在太极图里面。这个图包括了一切，涵盖了万事万物，它不是一张简单的图，而是有关系统整合的图，当然它跟现代科学强调的系统论还是有区别的。中医采用的就是典型的太极思维，所以中医强调整体观，最大的特点就是系统整合。

在管理上，企业和员工一样，需要整合资源，明确目标和方向，做到上下同欲，步调一致，分工不分家。有些企业喜欢采用工作轮岗制，其实这种培养管理者的方法已经不适用了，甚至可能导致管理学中的布里丹效应。

太极思维之二——变易发展

《周易》最讲究"变","穷则变,变则通,通则久",就是用变化的眼光看待事物、看待企业、看待员工。六十四卦符号就是一个变化的过程、发展的过程。这个变化是如何发展的?是平衡发展,或者叫和谐发展的。太极图是最和谐的,其中阴阳鱼、黑白点、S曲线黑白的变化都是中心对称的、对等的。

变易、发展之中,还有对峙和互补,这个"互补"不仅是二元的互补,而且是多元的互补。

还有交合、感应,感应这一点也非常重要。《周易》是怎么做到的?是通过内心体悟出来的,是内证。我们可以将它归结为一个字就是"和",这些思维都可以归结为"和"。

变易、发展是相互作用、相互影响、互利共赢的局面,是创造绩效的前提。

太极思维之三——保合太和

"和"可以分为太和、合和、中和、保和、平和,当然还有很多"和",把"和"字用在企业管理上特别重要。

"和"是一个企业的终极文化。一个企业能否做到"和",不仅与企业文化有关,更与企业的组织结构有关。企业家要明白三个问题,一是企业家需要做些什么,才能达到经营目标,需要进行哪些活动分析;二是要做决策分析，哪些决策可以达成既定目标？应该由哪个层面制定决策？这些活动需要哪些管理层参与？制定决策后，应传达到哪些层面？三是进行关系分析，经营活动和谁合作？要协调哪些关系？

"太和"是最高的目标

太极思维是"和"的思维，这几个"和"之间是什么关系呢？其实"太和"是最高的目标，是终极的目标，而中和、保和、合和，还有平和、调和等，是达到这个目标的方法和手段。乾卦《象传》说，"乾道变化，各正性命，保合太和，乃利贞"，追求的是一种"太和"。所以说，管理就是从"0"到"1"再到"0"，最后那个"0"是太和的"0"。

企业管理达到"太和"的境界，需要企业家有宽广的胸怀。有句话说，心有多大，舞台就有多大。中国的企业并不是没有愿景，而是要把愿景变成有效且细致的行动。

"中和"与换位思考

怎样才能达到管理上的"中和"？首先要知道"中和"是什么。"中和"就是守中道，不偏不倚，不太过，也不消极，通过守中道达到和谐的目的。当然这个说起来容易，做起来很难。那么，怎么知道自己是否达到了"中和"，怎么才能守中道？李瑞环同志说过八个字，说得好极了！他说："若要公道，打个颠倒。"孔子早就说过了："己所不欲，勿施于人。"颠倒思考一下，自己不想做的，干吗要别人去做？这就是换位思考。换位思考一下，就"中和"了。

有一位母亲生了两个儿子，一个儿子是卖扇子的，一个儿子是卖伞的。她成天发愁。晴天的时候她想，"哎哟，我那个卖伞的儿子不好过了，卖不出去雨伞了"；雨天的时候，她也愁，"哎哟，我那个卖扇子的儿子卖不出去扇子了"。有一个人让她换位思考一下，她试了一下。晴天的时候，她想着，"我那个卖扇子的儿子把扇子都卖出去了"；

雨天的时候她就想着，"我那个卖伞的儿子把伞都卖出去了"。于是她成天高高兴兴的，再也不发愁了。

经常换位思考，这一点对企业家来说特别重要。企业家要经常站在客户的立场上想问题，也要站在竞争对手的角度想问题，这样问题解决起来就会容易一些，这就叫作"中和"，守中道。

怎么达到"中和"？古人还教给我们一种方法，叫"执两用中"，就是找到两头然后走中道。其实办任何事情都有三条路，两条路是极端的，都不要走，就走中间的。比如夫妻之间闹矛盾，有三条路：一条是大吵大闹，一条是离婚，第三条是不吵也不离，这就是中道。这条法则曾救过好几对夫妻。

这就是中道思维，它根据人们的需求灵活分类。事实上，许多事物、许多问题是没有绝对界限的，尤其是人生的问题。"中"太重要了，读者朋友们一定要把握住。

一个老太太卖西红柿。第一天，她将所有的西红柿都堆放在一起。有人问她："你的西红柿是甜的还是酸的？"她说："这里面有甜有酸。"结果这天西红柿卖出去很少。第二天，她把西红柿分成两堆。买者再问她，她说："这堆甜，这堆酸。"结果，她的西红柿卖出去很多，但还是剩下了许多。第三天她把西红柿分成三堆。有买者又问她，她说："这堆甜，这堆酸，中间这一堆不甜不酸。"结果，这天的西红柿全都卖完了。

"合和"与识人用人

"合和"在人的管理上比"中和"还要重要。"合"是什么意思？"合"就是合作、融合，是指人心的融合，这一点做起来很难。在一个企业里，老板和员工不和，或只是表面上和，尤其是一些员工，在老板面前恭恭敬敬的，好像很听他的话，实际上不一定，老板对员工也不信任。有一个统计，企业老板对员工的不信任度是75%，员工对老板的不信任度达到80%。

第二章　太极管理

所以从某种意义上说，企业面临的最大危机就是缺乏彼此的信任，进而导致管理不诚信、产品不诚信、销售不诚信，因而迫切需要提高企业的诚信度，也就是企业人之间要"合和"。怎么达到"合和"？也是有一些具体的操作方法的，首先用在识人用人、人力资源管理上。

识人

第一是识人。"识"就是了解、认识。只有了解对方，才能跟对方合和。《周易》用什么办法识人呢？

西方有一些方法，比如了解一个企业的领导，了解其领导风格，可以按五种动物角色将其分成老虎型、孔雀型、猫头鹰型、考拉型、变色龙型。老虎型是什么意思？就是高支配型，比如撒切尔夫人、小布什；猫头鹰型是高精确型，比如教皇保罗；孔雀型是高表达型，比如克林顿；考拉型是高耐力型，比如南非总统曼德拉；变色龙型是高适应型，比如美国前国务卿基辛格。做这个分型测试有六十个问题，把这六十个问题的答案输入电脑结果就出来了。一位专家听过五行识人的课之后，看了电脑上的测度说："这不就是我们的五行吗？"事实上，它比五行差多了，五行还有相生、相克、相害、相合、相冲等相互作用的关系。五行不仅能看出你领导的风格，还可以看出人与人之间的关系。

实际上五行测试在有些意识状态下是不准确的。只有在潜意识状态下进行的测试，才能看出一个人的五行人格，这一点非常重要。

这绝对不是算命，算命完全按照生辰八字，姑且不评论它准不准，先来思考这样一个问题："同一个生辰八字的人有多少？同一个时间出生的人他们的命运完全一样吗？所以完全看生辰八字，这不符合太极思维。

"真理往前迈进 0.01 毫米就是谬误。"完全按照生辰八字来算命绝对是错误的。中国人是时间、空间合一的思维，重时间，轻空间；西方人恰恰相反，他们重空间，轻时间。时间因素非常重要，同时还要考虑一些其他因素，值得强调的是出生时间一定要重视，它作为第一要素，但不是唯一要素，"把时间看作唯一要素"肯定就错了。然后再加上出生地，因为每一个出生地都有其个性，加之每人都有不同的生理状况、不同的体质状况。

还要加上一个最重要的因素，这个因素绝对是符合现代科学的，即进行一种潜意识态势下的意识测试。不要去搞问卷测试，问卷测试多是反映意识层面的，而不是潜意识层面的。人在生存中，意识跟潜意识的比例最新的统计为97%是潜意识，3%是意识。潜意识储藏的是潜能，从某种意义上说，人一辈子有90%以上的潜能没有被开发出来。那么潜能主要储存在哪里呢？当然是大脑里。脑有左脑和右脑，潜能主要储存在人的右脑中。右脑的潜意识与左脑的潜意识之比是7∶3。国外曾有研究，右脑的记忆能力是左脑的100万倍，所以开发潜意识、潜能，主要是指开发右脑。这就要求我们要有"合和"的思维，这种思维的前提就是要了解人。要了解人，首先就要进行潜意识状态下的测试，另一种说法叫对话，在潜意识状态下进行对话，就能非常准确地了解一个人。

考虑了出生的时间和地点，也就是时空因素，又考虑了人的因素，就是天、地、人三才之道。古人跟我们说了那么多，这是"合和"的第一步，即知道别人。

关于如何知道人，在我的另外一部著作《五行识人》中有较为详细的讲述，其主要内容就是通过判断人的五行属性来了解人的性格、气质、情趣及未来。

第二章 太极管理

一个人生活在社会上,不能忽略自己对群体的责任。我们与人相处,首先要准确判断这个人的爱好和兴趣是什么?他是否值得信赖?他与我可以成为朋友吗?我们都希望了解别人,但往往忽略了了解自己。一个人只有正确地认识了自己和别人,才能做到知己知彼,百战百胜。所以我们都要学会识人的方法。

怎样识人?古人早就告诉了我们一个重要的原则,那就是一定要从整体来看,不但要看这个人的过去、现在和未来,还要考察这个人的言行举止。

整体要素究竟有几个呢?实际上我们的大圣先贤早已告诉我们了。据《周易》记载,我们的第一人文始祖伏羲氏早就从天文、地理、人事三个方面来考察万物,并因此创造了八卦。

我们认识一个人,也必须从天、地、人三个方面或要素来考察。天的要素包括了自然环境、气候变化等,在古人的眼里出生的时间就反映出五行的气,因为古代的年、月、日都是用天干和地支来表示的,天干和地支中蕴藏着天气和物候的信息。地的要素就是要考虑出生的地点和方位,以此来判断一个人的性格和命运。人的要素最重要,它着重分析的是人的体质和性格,至于古代的面相和手相,只是人的性格和体质的一种外在表现。要准确地认识一个人就不能孤立地考虑某一个要素,而应该从整体上综合考虑,这样才能避免片面,从而更加深入地了解一个人。这是"合和"的第一步,也是摸清脾性,理好人脉的重要方面。

"合和"的第二步是赞美别人。生活中,赞美不仅能改善人际关系,而且能改变一个人的精神面貌和情感世界。有一种说法曾一度颇为流行,那就是"赞美能使羸弱的躯体变得强壮,能给恐惧的内心以平静和信赖,能够让受伤的神经得到休息和力量,能给身处逆境的人以务求成功的决心"。如果你通过真诚的赞美来激励对方,给对方打气的话,那么对方会自然而然地显示出友好和合作的态度来。真诚的赞美就是要言而由衷,发自内心。增强效果的关键还在于时机恰当,适可而止,真正做到"美酒饮到微醉后,好花看到半开时"。因为凡事过了头就会让人生厌,反而适得其反。总之,赞美的过程是一个交流沟通的过程,通过赞美既可把快乐播撒给别人,同时也能得到对方的欣赏和尊重。

赞美人的时候一定要注意，要真诚，发自内心，不要说"但是"，一说"但是"就麻烦了，还不如不赞美。这都是小技巧，算不得什么大道。比如古代有一个秀才喜欢作诗。有一天，他看见一个姑娘走过来，马上吟出一首诗："远看一姑娘，近看一朵花。"那个姑娘听了非常高兴，"足有三寸长"，古代夸女人最美的就是小脚，叫三寸金莲，古人觉得非常美。"但是——横量"，是横着量三寸。这个姑娘气得要死，你这不是侮辱我吗？马上告到县官那儿去了。这个县官的名字叫西坡，因为他最崇拜的人是苏东坡。秀才马上吟出一首诗："古代有东坡，现代有西坡。西坡比东坡，但是——差多。"县官一听气坏了，马上把他充军到襄阳。充军的路上，他舅舅来看他，这个秀才马上又作了一首诗："发配到襄阳，见舅如见娘。相对泪汪汪，但是——三行。"什么意思呢？原来他舅舅是独眼，一个"但是"把他舅舅的缺陷点出来了。所以要赞美别人，就要诚心实意地赞美，这是"合和"的一个小技巧。

"合和"的第三步就是乐于助人。《礼记·坊记》曰："君子贵人而贱己，先人而后己。"《三国志·蜀书·许靖传》曰："每有患急，常先人后己。"彰显了奉献的伟大，乐于助人的崇高。帮助别人，不仅能排解他人的困难，赢得真诚的感动，也寄寓着助人即助己的宝贵内涵，而且往往是你帮助的人越多，得到的也越多，幸福的天堂或"合和"的实质就是互敬互爱、互相帮助。

"保和"是一种可持续的发展

"保和"就是保持住这种状态，我们很难保持住这种太极思维。什么叫成功？成功就是把简单的事情重复做，就是把意识层面的东西重复再重复，重复50次的时候，就变成一种潜意识了。当人进入潜意识的时候，就成功了。古代有一个例子，苏格拉底带了很多学生，有一天学生问他："老师，我们怎么样才能成为像您一样的哲学家呢？"苏格拉底说："很简单，每天早上甩手三百次。"第二天，所有的学生都去甩手，一个礼拜以后只有二十几个人去甩手，一年之后只剩下一个人在甩手，他的名字就叫柏拉图。这个故事说明什么？就是要"保和"，保持住"和"是非常重要的。

在企业发展的过程中，坚持很关键。有句话说，成功是"源自坚持"。将压力看成动力，将苦难看成考验，顶住压力，克服困难，坚持下去，就能取得成功。犹太人为什么普遍富有？几千年的苦难史锻炼了他们坚强的意志，成功归于他们能够坚持和忍耐。企业家要学会在逆境中坚持，从而达到相对的"保和"状态。

"平和"是一种成功的心态

还有"平和"。"平和"有两个意思，一个是平等地去相和。我们从太极图上也能看出来，如果按照先天数，它相对的数字全是九，相对的爻全是三阴三阳，这就是平等。比如中国化的佛教——禅宗。什么叫禅？其中有一点很重要，平等心。佛是什么？佛是大便。这不是骂佛吗？这不是我说的，是禅宗说的。"佛是干屎橛"，这是著名的言论。这不是骂佛，是平等。佛家没有什么最高深的，它是"变虚空，进法界"，它认为人人都有佛性。基督教也讲平等。佛家更了不起，它说"干屎橛"，干了的大便里有佛性，那是什么意思？很简单，都一样，都是平等的。佛与众生一样，是平等的，这就是太极思维，这是非常重要的一点。

以基督教为代表的西方文化，是典型的二元对立，人永远不能成为上帝。天天祈祷，明天能否变成上帝？这是不可能的。基督也不是上帝，而是上帝的儿子、上帝的使者，这里永远有一条鸿沟。中国儒释道所体现的《周易》太极思维是圆融的，不妨看看太极图，多美啊！如果画一张图，一个圈代表印度文化，一个圈里面加道线代表西方文化，代表二元对立，那么中国文化就是这个太极图。儒家讲成圣，道家追求的是真人、仙人，佛家就是要成佛，就是成为一个觉悟的人。我们能不能成为圣人？我们能不能成为佛？我们能不能成为真人？能，我们都能。"人人皆可为尧舜"，都可以，没有鸿沟。这就是太极思维，这一点用在企业管理上特别有效。

在企业管理中，良好的组织能够发挥每个人的潜在优点，让平凡的人做出不平凡的事。肯定和奖励有卓越表现者，让个人的长处有充分的发挥空间，就能使企业较快、较好地发展。但要注意，一个团队如果只注重大家和睦相处，一团和气，就会导致团队精神不良，员工不能成长，会使他们顺从退缩。企业一定要把重点放在员工的长处上，用在不断改进团队的绩效和能力上，视今天的成功为明天的起点。

蒙牛快速发展的历史可以用三个口号、三个广告来概括。第一个公益广告是这么说的："向伊利学习！"这是内部的口号，还不能算真正意义上的公益广告。

第二个公益广告是这么写的："为内蒙古喝彩！"下面署名为伊利、鄂尔多斯，最后是蒙牛。因为蒙牛当时一点不出名，谁也没听说过，居然跟伊利、鄂尔多斯并列了，它虽然排在最后，但无形当中成为出色的广告。这是什么思维？是一种圆融的思维，是一种太极的思维。

西方哲学可以看成"斗"的哲学，中国哲学就是"和"的哲学。

第三个公益广告非常响亮："与伊利一道打造中国乳都。"因为内蒙古有草原牧场，蒙牛的牛奶产业实际上带动了奶制品及许多相关产业的发展，所以做了"打造中国乳都"这个广告，它跟伊利就不是你死我活的关系了，而是与伊利一道托起中国乳制品产业，结果区政府、老百姓都支持他。

蒙牛秉承着"一"的原则，即产品单一化，从不涉及其他领域，这就抓住了太极，当然这里的太极指的是太极思维，而不是你死我活的竞争关系。比如说，某一个地方开了很多家饭店，接着，又有一个人开了一家饭店，怎么办？用西方人的对立思维就很简单，大家互相斗，然后挤掉。其实换位思考一下，这里开了一家店，然后又开了一批店，继续又开，如果这一条街都是饭店的话会怎么样？——美食一条街！顾客不都跑过来了？生意不就都火了吗？一定要换位思考。所以我们说，这不叫双赢，而叫共赢。只有太极思维才可以共赢，大家共同盈利。

宋代大文豪苏东坡学佛之后，觉得自己很平和，就把自己的体会写成一首诗，后两句是："八风吹不动，端坐紫金莲。"让一个书童把这首诗交给了朋友——金山寺的佛印和尚。佛印一看，批了两个字，让书童带给苏东坡。苏东坡看了非常生气，原来是"放屁"二字。苏东坡马上过江，质问佛印为什么批这两字。佛印哈哈大笑，说："八风吹不动，一屁过江来。"不言而喻，这叫平和吗？真正的平和，那就是无所谓了。

一个人能坦然面对死亡，对人生理解透彻，那自然会平和地面对一切成败得失。

> 苏格拉底生长在雅典爱琴海畔的一个小城镇，从小在平凡的环境中成长，他在一生中不断自我反省，不断自我完善，成为西方哲学家中最为典型、最有特色的代表。他在临终前这样安慰朋友们："你们埋葬的只是我的躯体，今后你们将一如既往地按照你们所追求和践行的最善美的方式去生活。"

人们不禁会在悲伤的气氛中领略圣哲平和的心态和神奇的境界，这才是真正的平和。

文化和价值的影响力

企业的董事长首先要抓住太极思维，对一个企业来说什么是太极？文化是太极。为什么说文化是企业的太极？实际上一个企业的兴衰归根结底是文化的问题，用西方管理学之父彼德·杜拉克的话来说，一个企业——他说是一个组织，要取得成功必须有自己的事业理论、事业价值理念，这是企业的灵魂。把它看成灵魂，这个说法是非常对的。文化是什么？文化是一种力量，当然这种力量不是去打人的力量。西方人培根说了，"知识就是力量"，他用知识去做二元对立的事情。我们中国人不这样，而是去做"合和"的事情，所以它是种"合和"的力量。这个力量贯穿于企业发展的每一个环节，包括企业的战略和策略等等，战略有整体的发展战略，有人才战略、营销战略、产品研发战略，各个环节都要贯穿合和文化。我们都知道企业文化很重要，是企业的灵魂、企业的核心竞争力，可是什么是文化？建设企业文化究竟抓什么？

关于文化的定义，20世纪50年代美国的文化人类学学者，就把它概括出 250 多种，非常多。我的理解非常简单，两个字，文化就是"人化"。只要人做的事就是文化，所以文化相对应的词是"自然"，当然这是广义的。可以说文化是一个企业的核心，是企业每一个人日常行为的风格。

有人可能会说，若太极就是企业文化，抓太极就是抓企业文化，那我们不是什么都抓了吗？不就是眉毛胡子一把抓了吗？如果说人做的事就是文化，那企业的事情都是人做的，那什么都是文化，这不有点荒唐了吗？所以把太极和文化联系在一起的时候，一定要注意其适用的范围。

企业的太极——企业文化

文化是分层面的，一般来说，文化可以分为三个层面，最里面的叫精神文化，最外面的叫物质文化，中间的叫制度文化。企业的文化用我的话说，也分三个层面，非常简单：心、手、脸。企业的"心"偏向于精神文化，"手"是什么？就是制度文化和执行文化；"脸"是什么？是企业的形象。目前中国企业的形象，最值钱的有哪些呢？海尔算其中之一，据说海尔企业的无形资产，即品牌的影响力已有 600 个亿，这就是太极的价值。企业文化的价值，无形资产才能最大限度地实现价值。企业的核心是要抓住太极。

在心、手、脸这三个层面，太极指什么？当然就是指心，抓住心，这是董事长要做的事情。具体来说又是什么呢？是企业的心。北宋著名思想家张载说了非常有名的四句话："为天地立心，为生民立命，为往圣继绝学，为万世开太平。"天地有一颗心，企业有一颗心，人有一颗心，这是最重要的。所以，中华文化的主干既不是儒家也不是道家，既是儒家也是道家，将它们统到易道上，就是我们中国人的心，文化的心，得抓住这个根本。《周易》不仅仅是一本书，更是易之道，是大易精神。解释《周易》的书，据统计，在 1911 年以前有 2028 种，比解释其他经典要多得多。

企业就要做这个，具体来说，企业文化是什么？企业的心是什么？就是企业的价值系统。我们讲以德治国，讲"德"，说了很多很多，那么企业跟这些说法不一样吗？当然是一样的，但是这里有一套特殊的建立企业文化的方法。

"易道"为企业立"太极"

企业文化体现的是企业的价值取向和价值信仰，这是很重要的两个层面。一个企业必须树立自己的价值理念，但是最重要的是把理念变成一种信仰。

我们说企业文化，那不是空的东西。比如说清华大学的校训"自强不息，厚德载物"，这谁都知道。但什么是自强不息、厚德载物？许多人根本不往心里去，根本不知道是什么意思，因为这不是一种信仰。

怎样形成一种信仰，这是最关键的。文化，文化，它有一个化，出自《周易》中的贲卦，"观乎天文以察时变，观乎人文以化成天下"。文化文化，人文化成。它怎么化？实际上是一个过程、一种方法，最后才成为一种信仰。企业建设自己的文化，这种文化最后成为自己企业的信仰，这才叫成功。文化就是化在人的心里，用现代西方心理学的术语来说就是进入潜意识状态，就是说在企业里，从老板做起，所有员工的潜意识里都被灌输了这种意念，这个企业的价值系统就叫文化，这就叫成功。这个价值系统包括了什么呢？包括了企业的精神、企业的理念、共同的愿景。这是彼得·圣吉"五项修炼"里说的共同愿景、思维方式、行为道德规范等。这些东西一定要简单化。

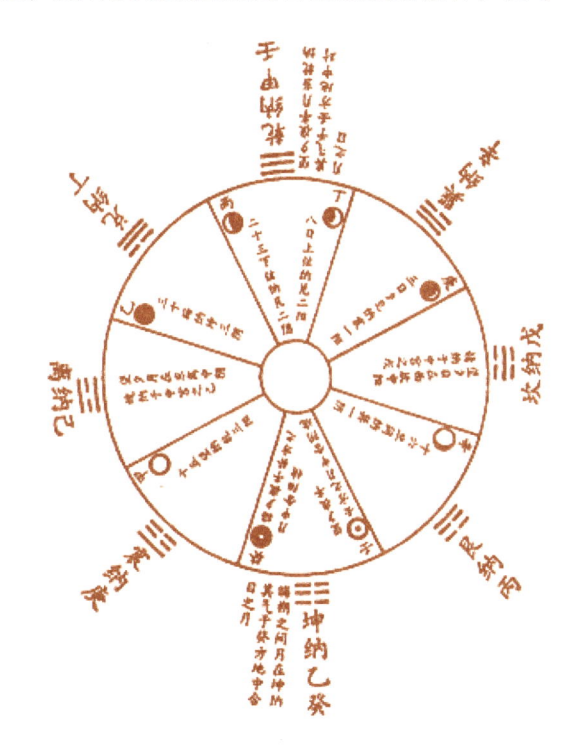

五步法——建设企业文化

第一步：民族文化、大文化、母文化

怎么建设企业文化？可以从五个层次来建设。第一个层次是民族文化。在我们中国，企业文化的建立要符合中国国情。许多跨国公司到了中国之后遇到的最大的问题，就是水土不服，同时会出现很多问题，包括麦肯锡集团、德勤集团。德勤集团是全球四大会计师事务所之一，但是他们不知道我们的民族文化、大文化、母文化。我们每个人都有义务去宣扬我们的民族文化。我们的大文化、母文化是什么？非常简单，乾坤二卦，乾卦和坤卦的精神，张岱年先生经常说，我们中华民族的精神就是自强不息，厚德载物。这就是乾坤的精神，就是阴阳，也就是太极。这就是我们的大文化。

第二步：地域文化

至于地域文化，比如内蒙古的地域特征是什么？东南边的地域特征是什么？这些怎么来看？看空间要看文王八卦，看时间要看先天八卦。看什么，其实古人都讲清楚了。它的地域特征说得非常好，北边是坎卦，坎为水，是不是适合做牛奶乳品业？当然这也不是绝对的。东南福建一带是巽卦，巽的特征是巽风，因此福建多风。东边上海一带是震卦，震卦的特征是打雷，这些都是自然特征，当然它也可以涵盖万事万物——"以类万物之情"。当然这是笼统的说法，不能完全看死，看死就错了，看风水重在看大的气象。文王八卦早在《说卦传》第五章里就讲了，"帝出乎震，齐乎巽，相见乎离，致役乎坤，说言乎兑，战乎乾，劳乎坎，成言乎艮"。它讲得很清楚，其实就是周期。相传大禹治水成功时，有灵龟自洛水出，背上排列成"戴九履一，左三右七，二四为肩，六八为足"的图形，这就是洛书。虽然当时不叫洛书，但历史上对这个书已经有了记载，布局已经形成，且不管它叫什么。名相之争没有什么太大的意思，最关键的是那个时候有那种文化产物，如今就应该把它的神韵把握住。

在看地域文化特征时，抓住地域特征配合的八卦是非常重要的。比如

浙江那一带是震卦和巽卦，这两个卦都属木，一个是阳木，一个是阴木。这里的人最大的特点就是学习力极强。实际上企业的布局也可以分成五行，即产、销、人、发、财。

就企业而言，创地域品牌就不可避免地要考虑地域文化和地域特征。比如山东东营，就其地域特征而言，它有著名的胜利油田；就其地域文化而言，它是周文王和兵圣孙子的故乡。如果当地企业能够抓住这些特点做文章，就比抓其他元素效果要好得多。还有河北，那里曾经出了很多名医，但是他们并没有抓住这个特点，打造出有地域特色的河北文化。都说文化是无形的，但文化的力量又是无穷的。所以说，一个企业要想获得发展，就要考虑其地域文化和地域特征。

第三步：行业文化

行业特征很重要，比如说乳品业属于什么，制造业制造什么，这个思维实际上很简单，即取象思维。

八卦是怎么来的？伏羲氏仰观天文，俯察地理，中通人事，观察天地人，然后抽象化地总结出两个最基本的符号，所以它来源于万事万物，当然也可以反推到万事万物中去。这不能用唯心和唯物来衡量，中国先秦很多哲学观点不能套用西方唯物、唯心的分类。若说老子唯心，但是老子说"道之为物，惟恍惟惚"，"物"里面有"物"，道是"物"；若说唯物，老子又说"无名天地之始；有名万物之母""玄之又玄，众妙之门"。玄，空的中间，这不是唯心吗？所以，老子既不是唯物也不是唯心，没有一个唯一，说"唯"就是二元对立思维，就不是太极思维，所以，我们学会这种精髓是最重要的。行业文化，什么行业用什么卦象，取象思维。还要考虑到企业的名称文化，以及所倡导的企业文化。企业综合因素联系到什么卦，就从卦象上思考此类问题。

第四步：企业名称文化

企业的名称是企业的标志，是企业的第一广告。换一个角度，企业名称是社会公众了解企业的第一途径。是企业的一张脸，很重要，公众听这个名称就知道这个企业是干什么的，容易记住。企业名称要有特色而且贴切。中国人很重视称谓，"名不正则言不顺""言不顺则事不成"，要名副其实。中国人都想取一个好的、吉利的名字，但要注意名字不能起得太大、太夸张了，要有一个度。以前我讲过的飞龙集团，名字很大气、很厉害，当然不是说名字起得不好，主要还是时位的问题。你能说名称对企业没有一点影响吗？恐怕不好说。

有一个姓万的小孩儿，是全家人的宝贝，爸爸妈妈给他起了个名字叫"万岁"。可想而知，没有几个人愿意叫他的名字，将来工作了，让领导天天叫他"万岁"，这怎么可能呢？后来亲人们商量为他改了名字，减一个，改成了"万少一"。

第五步：董事长的人格文化

私人企业最重要的是老板的人格文化。有人说老板的人格文化是根据时间、地点和人格属性综合起来才确立出来的。这是有道理的，西方人也这么认为。前面讲了五种动物，分别代表五种性格文化，综合起来就树立起企业文化，企业文化一定要简易。

下面讲个案例，至简至易。南京的卫岗乳业有限公司，有着70多年的历史，其前身是宋庆龄、宋美龄姐妹共同创建的国民革命军遗族学校的实验牧场。它的企业文化讲求的是"仁"。之所以说是"仁"，其一，从它的方位考虑，在东面，八卦中正代表仁；其二，中国人讲究五德，即"仁、义、礼、智、信"，卫岗乳业有限公司的董事长蔡进东，属于典型的木命，五行之中的木命在五德之中配的就是仁。宋氏姐妹信仰基督教，讲的是博爱，所以我建议蔡总，卫岗乳业一定要从博爱转到蔡总的仁爱上来。

"仁"属于震卦，卫岗乳业的地理位置又属于东边，所以蔡总特别认同。博爱与仁爱的区别是什么？打个不恰当的比喻，基督教的博爱非常简单，大家都是兄弟姐妹。墨子学说跟基督教特别相近，"摩顶放踵，利天下而为之"，杨朱是"拔一毛利天下而不为"，这些在孟子看来都是禽兽，孟子讲仁爱。墨子跟基督教观点一样，他说什么？爱别人的父亲跟爱你的父亲是一样的，爱你的兄弟姐妹跟爱别人的兄弟姐妹是一样的。而儒家的仁爱不是，它是讲等级的，先爱自己的父母再爱别人的父母，先爱自己的兄弟姐妹再爱别人的兄弟姐妹，这是大爱，这是有次第的。有人会说当然是基督教的博爱更伟大，是的，但是操作性可能不那么强，企业家先富了，赚了100块钱，你50块我50块分给大家他能做到吗？实际操作起来不太容易。

所以像墨子那样"摩顶放踵，利天下而为之"，孟子为什么还说他是禽兽呢？"是无父也。"别人的父亲跟我父亲一样，那还有父亲吗？杨朱是什么意思呢？"是无君也"，"无君无父是禽兽也"。所以卫岗乳业就要做"仁"，这么做了之后因此而得救，因为蔡进东进企业的时候，卫岗乳业被抓起来14个人，蔡进东做的第一件事就是改制，育仁爱精神。说到底管理最核心的一点就是仁爱，仁爱在坤卦里体现得尤为突出，坤卦的爱比乾卦的爱可能还更伟大一些。

一个企业的发展并非完全由经营者来决定，有时也是由消费者决定的；不是靠规模来定义，有时也要由顾客在购买产品或服务时的满意度来定义。在"大"和"强"上，我认为首先要"强"，要"专"，要认真对待顾客的所想所求。

再举个洛华集团的例子。一个国外的集团，它建立的企业文化就是"信"——诚信。我给企业家讲课的时候说，我们的企业家现在有五缺，其中之一是缺信，有的人认为就是缺德，其实德行非常重要。洛华集团要想在中国立足，必须讲诚信，所以我跟他们的老板开玩笑说，我们要把洛华打造成当代的同仁堂。这个"信"里面有八重含义，最核心的是什么？就是要成为一种信仰。信仰包括三种：宗教信仰、政治信仰、人生信仰。有信仰就有超越的力量，没有信仰的人，在西方人看来是愚昧的人、野蛮的人、落后的人、不诚信的人，人们是不敢与你做生意、不敢与你交朋友的。宗教是一种信仰的体现，人是要有一点信仰的。一个人有了信仰，内心就会经常进行反省思考，忏悔过去，在人生路途上可以随时重新认识并出发。我说，中国当代最大的危机就是信仰危机，信仰危机最大的表现是信仰的缺失。

深入到潜意识里

一个企业的文化是最重要的，要抓住企业文化，使其变成全体员工的潜意识。

在企业文化里，管理者仅靠知识、概念和领导艺术来领导下属，这是远远不够的，那将无法完成企业确定的任务和目标，还必须通过企业愿景、责任感和诚实正直的品格去领导和影响员工。

什么是潜意识

人脑接收信息的方式分为有意识接收和无意识接收。有意识接收是人脑在周边事物的刺激下有知觉地接收信息，而无意识接收是人脑在周边事物的刺激下不知不觉地接收，这就是所谓的潜意识。弗洛伊德曾把心灵比喻为一座冰山，浮出水面的是少部分，代表意识，而埋藏在水面之下的大部分，则是潜意识。他认为人的言行举止只有少部分是意识在控制，其他大部分都是由潜意识所主宰的，而且是主动地运作，人却没有觉察到。

现在我们来简单地做一下测试，请大家把两只手的手指张开，然后合拢。这时有两种情况，一种情况是你的右手拇指在上，另一种情况是左手拇指在上。大家再来测试一下，把它变过来试一试。右手拇指在上的，把它变成左手拇指在上，最初的感觉一定是不习惯，很别扭。但是多试几次，就会觉得越来越自然，这就是习惯。习惯就在潜意识里面。怎么把习惯变成潜意识？这是最关键的问题。

西方人认为开发潜意识、开发潜能有三种方法：第一，当生命处于危急状态的时候能开发出潜意识。比如一个老太婆，当一辆车突然冲着她开过来，她在刹那间迸发出的力量可能是十个小伙子也比不上的。第二，男女恩爱的时候能开发出潜意识。这两个都不可学，你不可能天天以生命为代价去开发潜能，这个东西是可遇而不可求的，是学不来的。第三，西方开发潜意识是可以学的，叫1∶50，把一个意识符号重复50次就能变成潜意识，就像刚才的测试，你慢慢就习惯了，这一点特别重要。很多家长，当孩子每一次面临重大的考试的时候，跟他说得最多的一句话是什么？别紧张，别紧张。不只重复50次，结果一上考场孩子就抖起来了，不是说把意识符号重复50次就能变成潜意识吗？怎么家长说别紧张，别紧张，可孩子反而紧张了呢？实际上我说的是意识符号，这是西方心理学的观点，意识符号进入潜意识是不带修饰语的，别紧张，别紧张，进入孩子潜意识的就是紧张，不断重复，不紧张才怪；应该说放松，再放松，他慢慢就放松了，所以这也是个小小的技巧。

怎么开发潜意识

《周易》当然不会讲这个，但是其中早已蕴含了这个道理。《周易》讲乾卦"元亨利贞"，元是什么？元就是头，那么这个头是什么？在企业管理上就是"心"，第一个"元"字非常重要，孔子已经做了。孔子说："大哉乾元，万物之始，乃统天。""始"是什么？一般人不知道，看第一个爻的爻辞初九，爻怎么说？说"潜龙勿用"，那是什么意思呢？它本来的意思很简单：潜伏的龙不要乱动。我们可以引申为整个乾卦，实际上是六十四卦的缩影，是告诉我们一个开发潜意识的最好的方法，超过西方那三种方法。潜龙，潜伏的龙，我们可以引申为潜意识状态，潜龙——潜意识，然后用什么方法？勿用。勿用是什么？就是不动，这才是中国传统文化最精髓、最高妙之处。西方莱布尼兹在1679年已经有了关于二进制的想法，但是一直没有拿出来发表，就像这个胎儿闷在肚子里闷了24年没有出生，1703年4月1日，他看到了伏羲六十四卦次序图和方位，1703年4月7日，只用了一个星期的时间这个孩子生出来了。所以，应该说卦爻符号是莱布尼兹二进制的催生婆。那么，莱布尼兹看《周易》厉害，还是我们看《周易》厉害？我们能看懂汉字，他看不懂汉字，但是他的领悟力、他的右脑思维比我们强，所以大家看这部《周易》能看出许多智慧的东西、高妙的东西来。

而合理引申、合理发挥，才是最重要的。不要去考据，考据有人在做，学者专家在做，做得已经很好了。我们要做社会的学问，不要做书斋的学问；要做学者，不要做学究，同时又不能胡说八道，不能太偏离了。

知识固然重要，但我们需要的是智慧，把复杂的东西变简单叫智慧，而把简单的东西变复杂叫知识。智慧是可以培养的，但需要把握事物的整体和问题的根本。比如人生中某一阶段的失败并不能代表其一生的命运，也许失败得越多成功的概率才越大，这就需要从整体上来看待。至于问题的根本，有许多问题如果只是单纯地去想，永远也想不明白，就如人与人的命运、遭遇为什么不一样，这就需要人具有开放的胸襟和洒脱的个性，不断去吸纳智慧。

教化人心

最后还要说，太极即是人心，上面说太极是企业的心，那就是企业文化，也是每一个人的心性。《周易》就是教化人心的。那么，怎么来教化人心？这就需要用我们的老祖宗留下来的一种非常好的方法来点悟，就是修心开智。佛家也这么讲，戒定慧。戒有五戒，五戒是哪五戒？前三戒是不杀生、不偷盗、不邪淫，第四戒是戒妄语，谁都在妄语，说假话，说空话，说废话，说大话，说奉承人的话，每个人都言不由衷。这一戒最难做到。最后一戒是戒饮酒，也可以引申为戒吸毒。"戒"是从身体角度来说的，"定"是从心灵角度来说的。心灵达到哪个境界？按《周易》来说是达到"勿用"的境界，就是不动，就是虚空。达到这个境界需要大智慧，但好像这个境界谁也达不到。指引修道的学说众多，其中道教有一套方法，即金丹道。《太乙金华宗旨》阐述了怎么修道。这些方法，儒家也同样讲，《大学》云："大学之道，在明明德，在亲民，在止于至善。知止而后有定，定而后能静，静而后能安，安而后能虑，虑而后能得。"不是心安才能理得吗？得就是开大智慧，内得于己，外得于人。儒释道三家对此讲的都一样，就是修心。"物有本末，事有终始。知所先后，则近道矣。"一个企业的所有员工修了心，并延伸到整个民族都修心，"自天子以至于庶人，壹是皆以修身为本"，这样我们中华民族就一定能够立起来。"身修而后家齐，家齐而后国治，国治而后天下平。"

战略定位

企业最重要的是战略定位，现在有很多企业在战略定位上存在一定的偏差。按照太极思维，企业战略定位可概括为五个字：一、舍、下、异、反。

企业需要淡定，结共同的愿景和一致的目标，去建立稳定的合作团队，共同为之努力奋斗，以实现其个人目标及共同福祉。

"一"：要做第一

"一"是企业要确立的目标。这个目标一定要专一，要从"第一"开始做。因为企业与企业的竞争，实际就是品牌的竞争。制定战略一定要以顾客的消费心理为依据。顾客的心智模式里最多只记得7个品牌，所以做品牌一定要做第一，要专一。

怎样才能做到第一？首先不要模拟。一些著名的战略咨询公司习惯用标杆法做战略，这样绝对不行。做第一不能用标杆法。百度最初定位为"中国的Google"，后来意识到这个定位不好，有模拟之嫌，改为"全球最大的中文搜索引擎"，于是就做成了第一。

此外，做品牌必须要专一。据调查，世界著名品牌的前100位，95%以上都是某一类产品，如诺基亚、摩托罗拉、微软、可口可乐、麦当劳、肯德基等，都只做一件事，专一而不多元。而中国企业，95%以上在犯品牌不专一的错误，因而很多中国企业因为多元而倒闭。

  有一位父亲带着他的三个儿子去捕猎骆驼，到了目的地后，父亲问大儿子："你现在看到了什么？"大儿子回答："我看到了猎枪、骆驼和一望无际的沙漠。"父亲摇摇头又问二儿子同一个问题，二儿子回答："我看到了爸爸、哥哥、弟弟、猎枪、骆驼，还有一望无际的沙漠。"父亲仍然摇了摇头。于是，又问三儿子，老三答道："我只看到了骆驼。"父亲听了老三的话点了点头。

"舍"：要"舍得"

企业要做成第一，首先要"舍得"。舍得，就是有舍有得，先舍后得，小舍小得，大舍大得，不舍不得。这实际是一种聚焦，即目标一定要单一。

只有单一才能成第一，只有专一才能长久。

中国佛协会长一诚大师说：现在的企业不是饿死的，都是撑死的。老子说："少则得，多则惑。"他们强调的都是品牌要单一。品牌是一个品类的代称，一个品牌应该是一类商品。传统商业理论认为，品牌能代表的品类越多，力量就越强，很多企业因此出现亏损。实际上，用太极思维来看，一个品牌代表的品类越少，力量就越强。

以生产微波炉著称的公司投资生产空调、以生产洗衣机著称的公司也投资空调业务，以生产电视著称的公司投资做手机业务，品牌多元化了，却并未给其带来好的收益。以生产香烟著称的公司，后来投资33亿去做地板。一家咨询公司建议地板不能再用香烟这个品牌，老总听了很生气。结果，公司投资地板造成大幅度亏损。

品牌资源非常有限，美国曾做过一个调查，每一样东西、每一个品类，消费者最多能记住七个品牌。所以战略定位非常重要，一定要做出差异化，做专一的品牌。对于这个原则，很多企业家都想得到，但是做不到，因为"舍不得"。

"下"：要由下而上

《周易》中的卦象就是由下而上的，做品牌、做战略定位也应该从消费者出发。只有由下而上，才能建立品牌，才能确立品牌的定位。老子说："上善若水，水善利万物而不争，处众人之所恶，故几于道。"说的就是战略定位要从低处入手，要以消费者的心智模式为依据。

宝洁公司生产的海飞丝洗发水，其主要功能是去头屑，再做另一款洗发水时，就必须进行市场细分，这样才能找到差异。如柔顺头发的叫飘柔，营养头发的叫潘婷，这样就可以做出N多第一。中国有一个品牌叫奥妮，它打的广告是"黑头发，中国货"，一经面世就填补了市场空白，如果它继续做下去，有可能成为某方面的第一。因为海飞丝、飘柔、潘婷都没有黑头发的功效，市场前景非常大，可惜后来多元化了，它打的另一个广告"爽洁自然"，被夏士莲抢占了市场。

所以，做品牌、做战略定位一定要舍掉一些东西，不要贪多，贪多容易使人困惑，要从消费者出发，要由下而上进行调查。

"异"：产品定位要差异化

异就是不同，即要进行市场细分，要注重产品定位的差异化，努力在细分的市场中做到第一。

太极思维是"和而不同"。抓住市场细分，不要轻易放松，就能保持住发展势头，这就叫保和。企业也需要不同的"和"，一定要找出不同的东西，要差异化。如果把整件衣服做成第一很难，那就把一个袖子做成第一，或者把一个领子做成第一，这样很可能就会成功。

戴尔、苹果，提起这些品牌老百姓都知道，因为它们的定位非常明确。这些品牌在细分市场后，找出差异，从而做到了第一。

产品差异化带来明显的全球竞争力，这是值得许多企业借鉴的。

"反"：要"相反"

太极图的任何地方都是相对、相反的。乾卦和坤卦相对、兑卦和艮卦相对、巽卦和震卦相对。做战略定位，非常重要的方法就是要"相反"，不能相仿。老子有句话叫"反者道之动，弱者道之用"。齐白石先生说"学我者生，似我者死"，说的是可以学他的灵魂及核心的"道"，但不要学他的"技"。

案例

当年百事可乐问世的时候，可口可乐早已声名远扬，控制了绝大部分碳酸饮料市场，在人们心目中早已形成定势，一提可乐，就非可口可乐莫属。第二次世界大战之前，在饮料行业，可口可乐和百事可乐，一个是市场领导者，一个是市场追随者、挑战者。百事可乐一直不见起色，曾两度处于破产边缘，饮料市场仍然是可口可乐一统天下。

"二战"后，美国一大批没有经过大危机和战争洗礼的年轻人，自信乐观，与他们的前辈们有很大的不同。这些小家伙正在成长，逐将成为美国的主要力量，他们对一切事物的胃口既大且新，这为百事可乐针对"新一代"的营销活动提供了可能。1960年，百事可乐把它的广告业务交给BBDO（巴腾、巴顿、德斯廷和奥斯本，中译为天联广告公司）广告公司。当时，可口可乐以5：1的绝对优势压倒百事可乐。BBDO公司分析了消费者的构成和消费心理的变化，将火力对准了可口可乐"传统"的形象，做出种种努力把百事可乐描绘成年轻人的饮料。经过4年的酝酿，"百事可乐新一代"的口号正式面市，并一直沿用了20多年。经过全新的市场定位，如今，百事可乐已经成为与可口可乐并驾齐驱的饮料行业的领导者。

世界第三饮料品牌"七喜"在进行了消费者调查和市场细分后，打出了"不含咖啡因"的口号，和第一、第二名区分开来。

同是高档车，奔驰宽大豪华，是"超级乘坐机器"，宝马则是动力十足的"超级驾驶机器",而沃尔沃打出了"安全第一"的招牌。

对于这一原则,《周易》里有很多相关的论述。现在绝大部分企业没按这个规律来做,一说手机赚钱,全去做手机,盲目跟风,企业效益肯定大打折扣。还有很多企业按日韩模式去做。实际上,日本品牌做得远远不如美国。1995年底,美国战略家特劳特做了一个统计,发现美国企业一百强与日本企业一百强的销售额都是2.8万亿美元,但日本的利润不到1%,而美国的利润达到6.6%。因为日本的品牌大多雷同,松下、索尼、东芝,经营的产品都差不多,没有区分开来,所以,企业创造出独一无二的品牌是非常重要的。

第三章

两仪管理

易有太极，乃生阴阳两仪，即是整体一分为二。阴阳观念也可以运用到企业管理上。

在现代管理中，有以经营或以生产为中心的管理，也有以目标或利润为中心的管理。时至今日，最有效、最符合阴阳观念的管理方式莫过于管理者（为阳）与被管理者（为阴）共同参与的中道管理，即"中庸管理"。这是现代最实用、最有效的管理法。运用这种管理方法能充分激发管理者与被管理者的积极性，使双方都能在管理过程中实现自己的价值，满足自己的需要和参与欲望。

两仪管理的领导艺术贵在"天人合一"。

乾卦与阳性管理法则

乾，元亨利贞。

初九，潜龙勿用。

九二，见龙在田，利见大人。

九三，君子终日乾乾，夕惕若，厉无咎。

九四，或跃在渊，无咎。

九五，飞龙在天，利见大人。

上九，亢龙有悔。

用九，见群龙无首，吉。

从潜龙到亢龙：企业绕不开的路

六十四卦中六爻的位置从下往上数，依次为"初""二""三""四""五""上"。六爻的性质只有两种，一个是阳性，记为"九"，"九"是最重要的阳数；另一个是阴性，记为"六"，"六"是最重要的阴数。所以，乾卦六爻的名称分别为初九、九二、九三、九四、九五、上九。下面就来解释一下这六爻。

"初九，潜龙勿用。"《周易》的卦爻辞不仅讲什么时候是吉，什么时候是凶，哪一个爻是吉，哪一个爻是凶，更重要的是讲如何趋吉避凶，如何趋利避害。乾卦的初九爻就告诉我们"潜龙勿用"，指出潜伏的龙不要去做。所以它不仅是预测学，更重要的是行为学，指导人们如何去行动，采取什么决策。所以，初九说潜伏的龙不要动。注意潜伏的潜是三点水，这便引出一个水性思维。乾卦的第一爻第一字就是水，这就是中国的第一哲学命题——水，即水性思维，告诉我们要崇尚水。西方第一哲学命题也是水，水是万事万物之源。所以，我们在管理上要崇尚道家。道家的这种水性思维管理是一种大智慧。曾国藩之所以打败洪秀全，采用的就是水性思维。如果不是采用水性思维，左宗棠是看不起他的，是不会帮他的，那曾国藩也不会取得胜利。所以，龙只有潜伏在水里面，才能有以后的发展。在初九这个阶段是不要乱动的。

"九二，见龙在田，利见大人。"这个"见"通"现"，是出现的"现"，不是看见的"见"。意思是现在这个龙可以从水里出来了，出现了。出现在什么位置？出现在田里，不要太高。这就是事物发展的第二步。到了这一步，非常好，因为"利见大人"。"利见大人"这四个字在乾卦里出现了两次，一次是在二爻，一次是在五爻。二爻是下卦的中间，五爻是上卦的中间，处在中道，处在中间。所以，二爻和五爻都是"利见大人"，处于这个位置就是好的，这是崇尚中道。但是，是不是处在这个位置上对谁都是好的，都是有利的？当然不是。"利见大人"，也就是利不见小人。我们应该怎么做？究其根本就是要"成为大人"。什么是大人？就是《周易·文言传》所说："与天地合其德，与日月合其明，与四时合其序，与鬼神合其吉凶。"孔子的解释就是做事要与天道天德相合，这是教我们怎么做人的。所以，《周易》主要还是行为学，它指导我们怎么做才能趋吉避凶。

"九三，君子终日乾乾，夕惕若，厉无咎。"九三爻是下卦的最上爻，因此比较艰险，比较凶。卦爻往往都是这样的：任何一卦，刚开始，下卦的初爻是潜伏；中间的二爻守中道，比较好；到了三爻，因为第一个阶段到头了，所以比较凶。这时它就告诫我们"君子终日乾乾"。终日就是整天，乾乾就是前进又前进，奋进又奋进，就是告诉我们不能歇。"夕惕若"，到了傍晚的时候就要警惕，要反省，要有危机感。这样去做，就"厉无咎"。"厉"就是危险，虽然危险，但"无咎"，即没有灾祸。这个爻告诉我们，这个时位比较艰险。但是它也告诉我们该怎么做，即只要每天去反省，只要有危机意识，只要整天奋进又奋进，那么就没有灾祸了。这就是与时俱进的精神。这是孔子在《文言》中解释九三爻时说的："终日乾乾，与时偕行。"北京大学的朱伯崑教授在2001年给江泽民同志介绍《周易》时，曾说《周易》的精神是与时俱进。综上所述，九三爻就是提醒我们要有危机意识。

"九四，或跃在渊，无咎。"九四爻是上卦的开始，是上卦的第一爻。"或跃在渊"，"或"是有时，"跃"是飞跃，"在"是从，这句的意思就是，有时候可以从深渊里面跃起来，言下之意就是"有时候不要跃"。跃的位置比田要高一些，比天要低一些。要飞跃在这个时位，火候要适中，这样就无咎。

"九五，飞龙在天，利见大人。"九五爻是上卦的中间，它比九二爻还要好，因为它不仅中而且正，所以是最佳之爻。"飞龙在天"，天是最高的，这时龙就可以飞到最高的位置。这就好比一个企业或一个人的事业达到最鼎盛时期。"利见大人"，这个时位是绝好的，所以要抓住这个时机，这样才有利。否则的话，也是不利的。有个成语"九五之尊"，这是形容皇帝的，此词就是来自这一爻。"九"是最大的阳数，所以皇帝又叫真龙天子。故宫里的建筑好多是以"九"布局的。可见,《周易》对中国文化的影响有多么深。

"上九,亢龙有悔。"九五是最好的。事物一旦达到最好的状态,接着就要往下衰弱。所以,到了上九就是"亢龙有悔",就是太过了,有悔过。有悔过也没关系,接着就进入下一个周期了。纵观乾卦的这六根阳爻,全是龙,从下往上依次是:潜龙、见龙、惕龙、跃龙、飞龙及亢龙。金庸先生的《射雕英雄传》里的"降龙十八掌"就是依据乾卦的这六龙创作的。

"用九,见群龙无首,吉。""用"是通的意思,通九,就是通观这六根阳爻。"群龙无首",这六根阳爻全是龙,或者说是一条龙的六种状态,它们是平行的,没有一个为首的。群龙无首是一个成语,有人说是混乱的局面。实际上,群龙无首恰恰是一个最大吉的局面。我们说,建国一百年要达到中等发达国家水平,但还达不到群龙无首的水平,群龙无首可以说是共产主义社会。所以,"群龙无首"是吉。乾卦里只"用九"是吉,其余皆非吉。

九五之尊、群龙无首,这些常见的成语都是出自乾卦。此外还有一个非常重要的词语龙马精神,也是出自乾卦。《周易·说卦传》里就说"乾为马",乾又是龙,所以说龙马精神。实际上,龙马精神就是乾卦精神。

抉择

一个农民从洪水中救起了自己的妻子,而孩子却被淹死了。

事后,人们议论纷纷。有的说他做得对,因为孩子可以再生一个,妻子却不能死而复生;有的说他做错了,因为妻子可以另娶一个,而孩子却不能死而复生。

听了人们的议论,某人也感到疑惑难决:如果只能救活一人,究竟应该救妻子呢,还是救孩子?于是他去拜访那个农民,问他当时是怎么想的。

那个农民答道:"我什么也没想。洪水袭来,妻子在我身边,我抓住她就往附近的山坡游。当我返回时,孩子已经被洪水冲走了。"

通观乾卦的六爻,实际上是一个过程。初九:潜龙,像水中潜藏着一条龙，它在静静地等待飞天的时机，时机不对，它是不会腾空的。企业的创立要选择恰当的时机，在企业创立之前就是"孕育期"。九二：见龙，它飞到田野的上空，有作为的人在大众中间施德，这正是企业生命周期中的"婴儿期"，企业在其诞生之初，员工努力施展才和德，营造一个很好的企业发展氛围。九三：惕龙，象征企业经营者需要时时刻刻兢兢业业、勤勤恳恳。九四：跃龙，这恰如企业生命周期中的"学步期"，不断地尝试，不断地进取，心怀警惕。九五：飞龙，飞龙在天空自由地飞腾，在行云流水中，展现其无穷的力量，企业进入"全盛期"。上九：亢龙，这是一个需要更多智慧的时期，"盈不可久"，所以这个时候应该保持一个不断"归零"的心态，在韩国人写的《商道》一书中，讲了一个"戒盈杯"的故事，主人公李尚沃从中悟到了盈则亏的道理，最终成为"商佛"。

乾卦与范蠡的人生

上面这些内容，可能有点枯燥，下面结合具体事例讨论乾卦卦爻辞预测人生的准确性。故事的主人公是春秋末期的政治家、军事家和经济学家，相传携手西施泛舟五湖的范蠡。这个人很了不起，他不仅情场得意，官场得意，商场照样得意。他做官能做得很大，经商又能成为富可敌国的大商人。

颇有意思的是，他的人生经历恰好符合乾卦的六个阶段。

乾卦的第一个阶段——潜龙勿用。

春秋时期的楚国，贵族当权，君主昏庸无为，朝廷腐败。楚国士人范蠡年轻的时候就具有圣贤之姿，眼看楚国一方面被吴国威胁，另一方面依赖秦国，失去了内政外交的自由，不免忧心如焚。但是他出身寒微，又不肯巴结权贵，只得出入于陋室，浪迹于民间，过着卓尔不群的清苦生活。为了不苟同于世俗，也为了躲避凡夫俗子的妒忌，他索性佯装狂痴，隐身以等待时机。

乾卦的第二个阶段——见龙在田，利见大人。

春秋时的越国在建国初期，无论军事上还是土地、人才、国家富裕程度上，都比不上吴国，面对吴国咄咄逼人的实力，越王勾践忧心如焚，越国大夫文种说服勾践，到楚国访求人才。当时吴国的主要大臣谋士，如伍子胥、伯嚭，都是楚国人。

文种对范蠡早有耳闻，待他到楚国后，就来找他，说："先生才高八斗，为什么不想法求取功名，而愿混在寻常百姓之中呢？"

范蠡说："一个人有了知识和才能，如果仅仅是为个人谋取富贵，那是最容易的，但也是可耻的，所以这不是我的志向。我的志向是为楚国谋利，如果做不到这一点，我愿毕生与草木同朽。"

文种就问道："那你现在打算怎么做？"

范蠡说："我准备到越国去。如今楚国最大的敌人是吴国，而能牵制吴国、削弱吴国的只有越国。越国将面临一场生死存亡的战争，必定要招揽天下有才智的人。如果楚国去帮越国，把吴国镇住了，吴国就没有余力来攻打楚国了，楚国也会强盛起来，就会摆脱秦国的控制；如果吴国胜了，楚国可以联合齐国再攻打吴国；而越国擅长水战，它是不会远途来侵略楚国的。"

文种听了很高兴，说："我是越国大夫文种，正为此事而来，既然我们的见地不谋而合，先生就随我一同去拜见越王吧。"

于是范蠡就跟文种到了越国，被越王勾践封为大夫。

乾卦的第三个阶段——君子终日乾乾，夕惕若，厉无咎。

一天，在越国王宫的议政大殿上，越王勾践说："听说吴王夫差日夜操练兵马，准备攻打我们越国，我们要先下手为强，趁他们还没有准备停当之时，打它个措手不及。"

范蠡首先站出来反对："微臣认为，现如今吴强越弱，不到发兵时机。并且，兵器是不吉利的东西，战争是违背道德的，发动战争是各种事情中最末等的事。不到不得已而为之的时候，主动去干违背道德、好用凶器的末等之事，老天爷也会禁止的。"

"我的决心已定，休要再说。"越王勾践态度很坚决。

范蠡给文种留下一封书信，便悄悄离开了越国。书信上说："我的谋略现在还不能为越王所用，越王要到最危急的时候才能起用我，到时候我再来越国……我认为，吴国在伐越之前，必定会先伐齐国，来排解过去齐国援助楚国的旧怨，目的是威胁越国。越国的当务之急是鼓励吴国伐齐，并趁时充实国力，富国强兵……如果越国不以逸待劳而是盲目用兵，势必会全军覆没。"

此后越国陷入危机，为了救国灭吴，范蠡在反复思量之后，忍着心灵的剧痛，将他心爱的女人西施献给了吴王夫差……

乾卦第四个阶段——或跃在渊，无咎。

吴国获悉越国要进攻吴国，于是改变了讨伐齐国的计划。吴王夫差拜伍子胥为大将、伯嚭为副将，亲率水陆军队攻打越国。大概在今江苏吴县，两军会战。在水战中，越国大将阵亡，水军几乎全军覆没。越王领残兵五千余人藏匿于会稽山，吴军穷追不舍，将越王围困在山上。

范蠡潜入越王营寨，被越王迎入帐中。勾践拱起双手谢罪说："我才学浅陋，识人不明，怠慢了先生，致使先生弃我而去，这实在是寡人的罪过。"

"大王无须谢罪，"范蠡说，"人之相交，是有缘分的，我们的缘分注定要到今日才开始。"

"山穷水尽，望先生教我如何拯救越国。"越王恳求道。

"天命无常，有德者王。越国国君，没有无道于百姓。大王您继承王位后，内既不以声色自娱而颓丧志气，外又没有以兵结怨于诸侯。越国虽一时遭受困厄，如果您与百姓共识共终，与诸侯结亲结友，越国必将振兴，吴国必败，这是可以断言的。吴王夫差继承了先人的遗业，也继承了先人喜功好战、纵情多欲、不体恤百姓的德行，对外结怨于诸侯，与齐国、越国、楚国倾轧，内施恶于百姓，且朝中大臣各怀异心……"

"那我们眼下该怎么办？"越王问。

"向吴国投降！"范蠡不容辩驳地说。

于是勾践派文种带着越国最珍贵的珠宝物品去贿赂伯嚭，在伯嚭的劝说下，吴王夫差终于接受了越国投降，条件是勾践和他的妻子必须到吴国去做三年奴役！范蠡自愿请求随越王勾践夫妇一同前往吴国，陪伴这位君主度过了他一生中最为艰难的日子。

乾卦第五个阶段——飞龙在天，利见大人。

越王勾践回到越国后，卧薪尝胆，励精图治。他接受了范蠡提出的富国强兵的内政战略，又采纳了范蠡呈献的"削吴五计"。随后的几年越国的国力不断增强，军威大振；反观吴国，国力逐渐衰弱，军事优势开始下滑。

经过二十二年的准备，越王带着范蠡、文种偷袭吴国，两国军队交战，吴军大败，范蠡夺回西施。越军乘胜追击，节节胜利，攻到吴国都城姑苏城外，围困吴军达三年之久。最后，吴军彻底失败，夫差躲在姑苏山派人向勾践求和，勾践不允，吴王夫差自杀身亡。

越王勾践坐在吴国的朝堂上，接受文武百官的朝贺；随后北渡淮水，与齐国、晋国约诸侯会盟于徐州，将淮水上游的土地划给楚国，各国诸侯共同拥护勾践为霸主……

乾卦第六个阶段——亢龙有悔。

范蠡离开越国，留书信给文种说："飞鸟尽，良弓藏；狡兔死，走狗烹。越王这个人，可以与他共患难，不可以与他共享富贵。您为什么不离开呢？"文种看后，认为自己为越国立了那么大的功劳，越王不会对他不仁不义的，何况自己做官做到现在这个位置，怎么能够轻易放弃呢？

有人进谗言给越王勾践说，文种要谋反作乱，越王派人赐剑给文种，说："当年你教我伐吴国，有七条计策，我用了三条就把吴国给灭了，还有四条计策在你的脑子里，你准备干什么用呢？你还是带着它，替我到地下献给先王吧。"

文种感叹道："范蠡啊，我真该听从你的建议，现在后悔晚矣！"说完，拔剑自刎而死。

范蠡带着西施离开越国后，弃了功名，易了名姓，相偕隐居在烟波浩渺的太湖中。后来来到陶（大概是现在的山东定陶）地，自名朱公。他认为陶这个地方地理位置十分优越，处于中间，是当时各诸侯国相互往来的必经之地，也是商品流通的好场所。"乃治产积居，与时逐而不责于人。故善治生者，能择人而任时。十九年之中三致千金，再分散与贫交疏昆弟。此所谓富好行其德者也。"

齐国国相陈成子派使者请范蠡出来做官，说："我家宰相听说您很有一套致富的本领，特派我来请先生入宫为官。"

使者走后，范蠡对下人们说："我当官当到卿相，经商家累千金，这是布衣出身的最高境界了。如果想长久享受，可是不明智的。明天我就把财产散发给穷苦人，然后离开这里。"

在齐国陶地当地首富"陶朱公"府邸的卧室里,范蠡寿终正寝。后世称富有的人叫陶朱公,将范蠡作为财神来祭。

"元亨利贞"是企业的四力

"元亨利贞"这四个字是乾卦的卦辞。

"元"就是开始,"亨"就是亨通、畅通,"利"就是有利,"贞"就是问。"元亨利贞"的意思就是一开始就亨通,有利于贞问,是一个非常好的卦。为什么是元?这里有两个意思:乾是六十四卦的首卦,所以是元;同时,乾卦又代表天,而天是宇宙万事万物的开头,宇宙万事万物是从天开始的,所以称为元。有了天,利于开始,就亨通,更有利于求卦者所问的事情,这是周文王对乾卦的解释。

后来人们对"元亨利贞"的解释发生了变化。"元"解释为仁,把"亨"解释为礼,"利"解释为义,"贞"解释为智,即仁、义、礼、智四德。这么一解释跟原来的意思明显就不一样了,一下子升华了。儒家的最高追求是"仁","仁"可以统观一切,包括礼、义、信等;亨是礼,即外在的事物,相当于我们今天所讲的礼仪、法律制度;"义"就是道义、正义;"贞"就是事,是功,即要建功立业。孔子解释《周易》的时候,他的思想跟《论语》里讲的有些不一样。在《论语》里,他是反对利的,并有这么一句话:"君子喻于义,小人喻于利。"而他在讲解《周易》时,则把两者结合在一起,如同我们今天所讲的"君子爱财,取之有道",只要是正义地去获得利,是非常好的,没有必要不好意思。

乾卦的德体现为四德:元、亨、利、贞,也就是仁、礼、义、智。四德如果运用在企业管理上可以简单地看成四个力:创新力,这是第一位的,是元;竞争力,是亨;凝聚力,是利;执行力,是贞。

管理者怎样做"大人"

如果说儒家崇拜的人是圣人,道家崇拜的人是仙人——"飞龙在天,利见大人",那么《周易》崇拜的偶像是大人,它集圣人、仙人乃至于佛家讲的觉者、佛于一身（佛是什么意思？佛就是觉悟的意思，佛就是觉者）。

"大人"是这三者的合体，孔子是这么说的："夫大人者，与天地合其德，与日月合其明，与四时合其序，与鬼神合其吉凶。先天而天弗违，后天而奉天时。天且弗违，而况于人乎？况于鬼神乎？"

这些是对"大人"这一类人进行论述的，说得极为精彩。什么是"大人"？"大人"的道德像天地一样覆载万物，圣明像日月一样普照着大地，治理像四时一样井然有序，他显示人的吉凶像鬼神一样高深莫测。他能够先于天象而及早行动，老天不违背他；后于天象而处事，还能够遵循天的变化规律。天尚且不违背他，更何况人呢？更何况鬼神呢？这里的"先天"，即先于天象，指自然界还没有出现变化时，就预先采取必要的措施；"后天"，即后于天象，指在自然界出现变化之后，及时采取适当的措施。这种"大人"大概就是儒家所谓的圣人。达到四个"合"，才能成为"大人"，这种境界太难达到了。"与天地合其德"，这就是儒家从伦理道德层面上讲的天地精神；"与日月合其明"，是指道家的精神，即把握阴阳，通晓天地；"与鬼神合其吉凶"，就是能像鬼神一样预知未来，做到这些才叫"大人"。

"六位时成，时乘六龙以御天。"六条龙就是六位，分别指潜龙、见龙、惕龙、跃龙、飞龙、亢龙。"以御天"就是统领天道，常语有"五运六气"，六气把一年分为六个阶段，每一个阶段有六十多天。在二十四节气里，六气里每一"气"包括四个节气，六气从大寒节气开始。对于六气，中医有自己的一套解释方法。经络有十一条之说，《足臂十一脉灸经》《阴阳十一脉灸经》，"十一"不符合上述六位系统，所以要加上手厥阴心包经。而手厥阴心包经的走向就隐含在手少阴心经的走向里，后加的手厥阴心包经，才符合"六位"。

怎么理解"大象无形"？或许有人会反问：有形的是象，无形的是象，什么不是"象"？万物不外乎有形和无形，中医是象思维，西医是形思维，所以叫"形象"是不准确的。西医是形思维这个好理解，因为其是有形的、能解剖的；中医是象思维——什么不是"象"？这个要注意，不是所有无形的东西都是"象"。这里要加一个限定"无形而可感"，这一限定非常重要。"无形"但是可以感受、感知的，所谓感知就是用感觉来认知，而无形的东西用眼睛能不能感知？不行。用耳朵、鼻子都不行。中医最核心的内容是什么？是"气"。"气"是什么？气是无形的，但却是可以感知的。如果不可以感知，就不会有经络。所以，"气"是一种最典型的象、一种无形的象。再举一个例子。比如空气流动形成风，微风用眼是看不见的，但可以用触觉感受到，这是一种最典型的无形的象。中医讲形体，但它又高于形体。中医中最大的"象"就是"气"，同时气又演化出阴阳，阴阳是象，五行也是象。《周易》《彖传》和《象传》各有其不同的解释规则：《彖传》主要从义来解释，《象传》主要从象来解释。《周易》解释分为两派，一派叫作义理学派，一派叫作象数学派。《象传》的解释，主要偏向于有形的象。《象传》又可分为《大象》和《小象》，《大象》是对卦的解释，《小象》是对爻的解释。

曾国藩读宋版《道德经》之时，正是其人生失意之季，因此读得特别有感觉。又读《周易》，看到了坤卦的六二爻，他突然醒悟，这与他的重大决策不谋而合。之后他改变战术，战场上出现转机，开始胜多败少。看了坤卦六二爻后，他对"柔顺居下"很有感触，认为要打败太平天国，一定要得到左宗棠的支持。那时左宗棠和他不和，两个人总是意见相左。

于是他穿着布衣走路去拜见左宗棠。二人见面寒暄几句以后，左宗棠问："你来我这儿有何公干？"曾国藩说："我来求您给我写一副对联，您的字写得特别好。"左宗棠一听非常高兴，他也觉得自己的书法非常好，就说："那行，写什么对联？"曾国藩说了一副对联：知其雄，守其雌，敬胜怠，义胜欲。"敬胜怠，义胜欲"出自《周易·文言传》中的"君子敬以直内，义以方外"。左宗棠一看，感觉太消极了，于是重新给曾国藩写了一副对联，曾国藩因此就求得了左宗棠的支持。左宗棠当时威望很高，而且很富有，他给曾国藩募集了很多银子。

曾国藩后来打败了太平天国，他给朝廷写奏章的时候非常谦虚，说自己没有功劳，报功时自己退居第二，最后分爵位时，他被封为侯爵，他的弟弟曾国荃排在后面被封为伯爵。曾国荃非常生气，认为自己战功赫赫，被封为伯爵太不公平了。曾国藩不仅不要封官，而且要归隐。《道德经》《周易》都讲要归隐，如坤卦所说要"柔顺居下"，这时候曾国藩就对曾国荃说："你现在不仅是'含章可贞'，而且是六四爻'括囊无咎'，什么意思？你不仅不能要这个爵位，而且要回家去，'括囊无咎'，彻底归隐，否则会有杀头之祸。"因为曾国藩打败太平天国之后，对慈禧太后谎称太平天国是一个空城，实际上是曾国荃攻打太平天国后抢了财物。经过劝说，曾国荃真的归隐了，他向皇上写了一份奏折，说自己多年来为朝廷苦累，得了一身的病，想回家归隐。皇上一看立马就批了。因为当时湘军的势力非常大，比太平天国尤过之而无不及。走的时候曾国藩给了曾国荃两句话，"千秋邈矣独留我，百战归来再读书"，意在告诉他时光远逝，与自己一起作战的兄弟，死的死，伤的伤，唯独留下了我，人要有感恩之心，你应该感到庆幸，回去好好读书。

"邈"，逝去的意思。"子在川上曰：'逝者如斯夫，不舍昼夜。'"老子说："大曰逝，逝曰远，远曰返。"《三国演义》开篇的《临江仙》唱道："滚滚长江东逝水，浪花淘尽英雄。是非成败转头空，青山依旧在，几度夕阳红。白发渔樵江渚上，惯看春月秋风，一杯浊酒喜相逢，古今多少事，都付笑谈中。"苏东坡写了豪迈的《念奴娇·赤壁怀古》："大江东去，浪淘尽，千古风流人物。故垒西边，人道是，三国周郎赤壁。乱石穿空，惊涛拍岸，卷起千堆雪。江山如画，一时多少豪杰。遥想公瑾当年，小乔初嫁了，雄姿英发。羽扇纶巾，谈笑间，樯橹灰飞烟灭。故国神游，多情应笑我，早生华发。人生如梦，一樽还酹江月。"曾国藩讲了这么多典故给曾国荃，弟弟听了他的话以后特别感慨，终于归隐而去，避开了杀头之祸。

阳性管理法则

乾卦精神的阳性管理法则主要体现在以下几方面。

自强（自强不息、刚健坚毅、与时俱进）

首先，乾卦最重要的精神就是自强不息。这是孔子在《周易·象传》

中所作的解释："天行健，君子以自强不息。"天行健，天的运行是刚健的。在这里，乾卦具有天的意思，具有行的意思，具有健的意思，每个字都是乾的体现。乾卦还代表君子，故曰：君子以自强不息。

自强不息首先强调的是"强"，就是要刚强。但是还要突出一个"自"，为什么？它告诉我们，别人让你强，你强不起来，只有自己强才能强，一定要自己强，自强才能不息。"胜人者有力，自胜者强。"这就告诉我们一定要从潜意识里面开发它，让它从潜意识层面扩展到意识层面，这样就能变成一种习惯。我们常说，自强不息、文明礼仪、仁义礼智信等是中华民族的优良传统，可现在强调得远远不够。谈到企业管理，企业管理没那么复杂，要从潜意识里开发它、重视它，让它成为一种习惯。这就好比信仰宗教。信教不是意识在信仰，而是潜意识在信仰。

自强不息是一个过程。乾卦第一爻是"潜龙勿用"，"潜龙勿用"是什么意思？"潜龙"是自强不息的基础，是最好的方法。按照西方心理学的认识，人有意识和潜意识，潜意识就是"潜龙"，潜意识占95%~97%，意识占3%~5%，可以把潜意识比喻为冰山在海面下的部分。潜意识主要在右脑，可以反映潜能。右脑是左脑的多少倍？这里有一个数据，100万倍。我们开发潜意识，从某种意义上说就是开发右脑。前面已提到过，西方心理学开发潜意识的方法有三种，但是这三种方法都远远比不上乾卦第一爻"潜龙勿用"。"潜龙勿用"是中国古代哲人给子孙留下的一个宝贝，它代表的意思有很多，比如，代表事物发展的第一阶段，不要乱动。同时也可以这样理解，"潜龙"即潜在的意识，人这一辈子95%的潜能没有开发出来。那么怎么开发呢？古人告诉我们"潜龙勿用"，它远远超过西方心理学讲的三种方法。"勿用"，即不要动，不要动就是静，万事万物从静中取得。人的潜意识，只有用静心的方法才能一点一点地开发出来。

因而，高级的管理是精神的管理、心的管理，也就是潜意识的管理。习惯不在意识层面，而在潜意识层面。因此，我们特别强调这个"自"，自强才能不息。

"息"的本意不是停止。中国古代汉字很有意思，一个字往往有正反两个意思。就如"息"字，一种意思是生长，另外一种意思却是下降。"息"字下面是个心，上面是个鼻子，是指气始于心，然后通过鼻子出来，从心到鼻子，这是生长的过程。中医讲一息四至，就是脉搏一息跳四下。一息就是一呼一吸，所以息有呼和吸两个意思。但是后来，生长这个意思没有了，保留了下降的意思。"降"引申为停止。自强不息的"息"就保留了"停止"的意思。

自强不息是乾卦的核心精神，也是儒家倡导的精神，因为儒家把乾卦放在第一位。孔子特别崇尚乾卦，他将乾卦解释为"天行健，君子以自强不息"。

乾卦体现的是刚健坚毅。乾卦的六根爻全是刚爻，全是阳爻，所以是刚健的，是坚毅的。在《周易·文言传》里，孔子这么解释："大哉乾乎，刚健中正，纯粹精也。""精"是指阳气，"刚健"指全是阳爻，"中正"是指二爻和五爻。《论语·泰伯》里曾子说过这么一句话，"士不可以不弘毅，任重而道远"，这句话不是直接解释乾卦的，实际上是孔子对乾卦这种刚健坚毅精神的发挥。

忧患（危机意识）

乾卦体现了一种忧患意识。这就是九三爻所说的："君子终日乾乾，夕惕若，厉无咎。"孔子说："作易者，其有忧患乎？"作《易》者为周文王。他被商纣王囚禁在羑里的时候，有很强的忧患意识，日思夜想，后来终于将伏羲氏八卦推演为《周易》六十四卦。《周易》是周文王怀着强烈的忧患意识写成的，这本书里当然就充满了忧患意识。《周易·系辞传》也说："其出入以度，外内使知惧，又明于忧患与故。""明于忧患与故"，就是忧患意识。《周易》对中国人的影响很大，大多数中国人潜意识里都具有忧患意识。

> 1644年春，闯王李自成攻入北京，以为天下已定，大功告成。他手下农民出身的新官僚把起义时打天下叱咤风云的气魄丧失殆尽，只图在北京城中享受安乐、日日过年。李自成想早日称帝，牛金星想当太平宰相，诸将想营造府第。当清兵入关，明朝武装卷土重来时，起义军一败涂地。

创新（穷则思变、革故鼎新、日新之谓盛德）

乾卦体现了创新意识，与时俱进。这是《周易·文言传》在解释九三爻时说的："终日乾乾，与时偕行。"与时偕行就是与时俱进。另外，《周易》六十四卦里还有革卦和鼎卦——革故鼎新就来自这两个卦，这两个卦也体现了与时俱进的精神。与时俱进就是创新的意思。很多人都说中国人不懂创新，实际上不是这样的。还有一个成语也是出自《周易》——穷则思变。穷不是贫穷，古代的穷是到头的意思。事物走到头了，一定要变，不变不行，这就是"穷则变，变则通，通则久"。只有变才能畅通，畅通才能长久。

创新是企业家必须具有的意识之一。创新就是要为消费者提供更好、更多的商品和服务，像海尔集团就是这样，企业要不断进步，越来越好才行。

仁爱（仁爱义利）

乾卦体现了仁爱义利。这是孔子对"元亨利贞"的解释。"元亨利贞"这四个字，字面上的意思就是一开头就有利于贞问。但是，经孔子这么一解释之后，它的意思一下子就升华了。因此，如果没有孔子的解释，《周易》还只停留在占卜算命这个层次。孔子把"元亨利贞"解释为仁礼义智四德，这是《周易·文言传》上说的："元者，善之长也。亨者，嘉之会也。利者，义之和也。贞者，事之干也。"经过孟子稍微修改之后，增加为仁义礼智信五德。

这五德是企业人性化管理最根本的核心。《周易》的"易"有三个意思，第一个意思就是变化，第二个意思就是简易，第三个意思就是不变。归结为宇宙万事万物是变化的，这种变化的规律是简单的，从古代到今天说起怎么做人怎么做事，其实有一个亘古不变的准则。这种亘古不变的准则是什么？实际上很简单，指的就是孟子修改过的五德。

第一个最重要的德是元，就是仁。这是做人的本原，也是企业大厦的基石。现在一些企业在搞企业文化，企业文化是企业管理的核心。而企业文化最核心的就是如何去感化或者教化人心，这才是最重要的。

仁爱和感恩是一切宗教的第一要义。儒家可以说成儒教——"三教九流"中的"三教"不就是指儒释道三教吗？好多人认为把儒家说成是儒教就是贬低了儒家，其实不是这样的。儒教讲仁爱，孔子在《论语》里的很多地方都讲到仁。孟子也说："恻隐之心，人皆有之。恻隐之心，仁之端也。"道教信奉的是老子，老子就说："吾有三宝，一曰慈，二曰俭，三曰不敢为天下先。"一曰慈，"慈"就是慈悲，就是仁爱。佛教讲大慈悲，大慈悲的出发点就是要感恩。佛祖释迦牟尼说过，他最感恩的人就是母亲——母亲不仅生育了自己而且是自己的第一导师，所以要感恩。古希腊大哲学家柏拉图有句名言："我庆幸生而为一个人，而没有生而为一个畜生；我庆幸生在希腊，而不是生在别的地方；我庆幸生在苏格拉底时代，而不是生在别的时代。"柏拉图有庆幸之心，就是有感恩之心。基督教也是强调要感恩的。感恩才能博爱，才能自由，才能平等。所以感恩特别重要。"元者，善之长也。"就是说，仁是众善之首。可以说，儒家的核心就是一个字——仁。

亨就是礼，有礼才能亨通。仁是强调内在的，礼是强调外在的。礼还引申为法，法家把礼推动到了极点。义也是内在的，是道义、正义，它是仁的具体体现，又跟仁是有区别的。仁的范围比较大，包括了礼和义。孔子倡导仁，孟子偏向于讲义，荀子偏向于讲礼。孔子强调"杀生成仁"，而孟子强调"舍生取义"。孔子认为义和利是矛盾的，《论语》这么说："君子喻于义，小人喻于利。"但《周易》认为，利就是义，利是义的聚会，即"利者，义之和也"。这就是我们今天常说的，"君子爱财，取之有道"。道就是正义，这样就能带来利。贞，孔子解释为事，就是建立事业。

诚信（中正、时位、中孚）

乾卦体现了诚信。诚信的核心就是讲信。孟子讲仁义礼智信，并且还配上了五行。五行的顺序是木、火、土、金、水，木为先，水最后。它们之间是相生的次序，即木生火，火生土，土生金，金生水，水生木。仁配的是木，信配的是土。所以，这五德里面，仁是开头，是源。但是，信是关键，就如土居中位，很重要。没有了信，一切都是空谈。也就是说，一个社会、一个企业里面,信是道德的底线。没有了信,仁义也就成了一具空壳。鲁迅不是说了吗?他从仁义里看到两个字——吃人。现如今,我们的社会最大的危机是信仰危机,信仰危机表现为信仰的缺失和信仰的多元。人只要有诚信才能做到忠诚,忠也是我们要提倡的。

中华民族有两大精神,乾卦精神是其中之一,另外就是坤卦精神。

在中国近代商业文明史上,晋商为诚信经营树立了典范。在18世纪中叶至19世纪末,以祁县、太谷、平遥为代表的山西票号曾经富甲华夏,汇通天下,创造了中国金融发展史上的奇迹。梁启超先生从海外流亡回来,山西商人为他举行了欢迎会,在会上,他说:"鄙人在海外十余年,当外人批评吾国商业能力,常无言以对,独至此,有历史,有基础,能够继续发达之山西商人,鄙人常自夸于世人之前。"

1900年,英法等八国联军攻占北京,混乱中,那些王公贵族前往山西,把手中的银票兑换成银两。战乱中的北京,票号早已被人洗劫一空,以"日升昌"为代表的山西票号无法知道北京的票号还有多少银两,完全可以暂缓兑现,但山西票号在这危难之际,一律兑现,显示出信誉第一的至上境界。战乱结束,北京票号重新开张,商人们蜂拥去存积蓄,连清政府的官银也在票号收存、汇兑。

山西票号从无到有,从小到大,遍布全国以及东南亚和欧洲等国,辉煌几百年,享誉全世界,这与其恪守诚信有很大关系。

坤卦与阴性管理法则

坤,元亨,利牝马之贞。君子有攸往,先迷后得主。利西南得朋,东北丧朋,安贞吉。

初六,履霜坚冰至。

六二，直方大，不习无不利。

六三，含章可贞，或从王事，无成有终。

六四，括囊，无咎无誉。

六五，黄裳，元吉。

上六，龙战于野，其血玄黄。

用六，利永贞。

牝马的失道与得道

坤卦的卦辞是"元亨，利牝马之贞。君子有攸往，先迷后得主，利。西南得朋，东北丧朋，安贞吉"。

卦辞中也有"元亨利贞"这四个字，只是坤卦是"利牝马之贞"。牝是雌性的意思，与它相对应的是牡字，牡是雄性的意思。"利牝马之贞"意思就是对阴性的事物问的问题是有利的。所以说，这一卦是女人之卦，对女人比较好。"君子有攸往，先迷后得主"，攸就是做，攸往就是可以去做，这句的意思是你问的这个事情可以去做。但是"先迷后得主"，是说先迷失方向，后找到方向。"西南得朋，东北丧朋"，指在西边和南边会得到朋友，在东边和北边会丧失朋友。在文王八卦中，西边是兑卦，南边是离卦。兑卦和离卦都属于阴卦，坤卦也是阴卦，所以它们是同类。因此，在西南自然就会得朋，朋就是同类。同样，在文王八卦中，东边是震卦，北边是坎卦。震卦和坎卦都是阳卦，跟坤卦不是一类。因此，在西北自然就会丧朋。《周易》不仅讲方位，还讲时间，是时位相结合的。那什么时候去西边和南边比较好？坤属土，在五行中，生土者为火，夏季属火，所以，如果夏天往西边和南边就能得到朋友。在东边和北边丧失朋友，却是好事，是"安贞吉"。为什么？因为虽然失去了同类，失去阴的东西，但却得到阳的东西，一阴一阳互补自然就是好事。这就是《周易》中的辩证思维。

对坤卦有利的是什么方位？坤为大地，为土。在五行中，生土的和土所克的都是对坤有利的。在五行中，生土者为火，土所克者为水。南为火，北为水。因此，南边和北边对坤卦是有利的。此外，中为土，为坤的本位，所以坤卦居中央也是有利的。对坤卦不利的是什么方位？在五行中，木克土，所以居东边是不利的。这是从方位上讲的。若从时间上说，春为木，因此春天对它是不利的。在十二地支中，寅卯属木，所以，凡属寅卯的时间，如寅月卯月、寅日卯日和寅时卯时等对坤卦都是不利的。

坤德与水德

坤卦如果用四个字来概括，那就是"厚德载物"。坤卦代表大地，大地上面有水，地和水是连在一起的，坤卦代表着土和水两种意象。土和水有其一致性，水也有四德。我们现在的管理最缺乏的就是水性管理，就是坤卦的管理。

先来看一看水有什么品德，不妨先想一想，水具有什么样的特征？

水可以概括出四个特征，第一是低下，第二是不争，第三是顺势，第四是柔弱，其中还包含着渗透性、包容性、适应性、原则性四性。

第一个特征是低下。水总是往低处流，它跟人不一样，人是往高处走的。

第二个特征是不争。水不与万物相争，它不像别的事物，都往上生长，要竞争。它则不争，总是付出，滋养着万物，水的功劳、水的贡献非常大，但它总是居下。就像《道德经》第八章说的："上善若水。水善利万物而不争，处众人之所恶，故几于道。"它总是处于众人讨厌的地方，人往往讨厌低的，水就往低的地方去，故接近于道，是最高的。

第三个特征是顺势。水总是顺势而流，比如说下面有一个坑它就流到坑里，下面有一条沟就流到沟里，总是随着地势的走向而流动。我们都坐过船，坐海轮有时会晕船，为什么晕？因为不顺势。船一晃，人总是要跟它逆着晃，这样就晕了，这叫逆势。它这么晃你也这么晃，它那么晃你也那么晃，要是顺着它就不晕了。要顺势，水是最顺势的。

第四个特征是柔弱。水最大的功能就是以柔克刚。

我们再来总结一下这四个特征。"低下"体现了水的适应性，"不争"体现的是水的包容性，"顺势"体现的是水的灵活性，"以柔克刚"体现的是水的渗透性。其实水也是有原则的，它不是随意地去"低下、不争"，拿我们今天的话来说，水的分子式是 H_2O，水的分子结构是永远不会变的，但是它具有的灵活性、适应性、包容性、渗透性，用在管理上太重要了，可以教会我们逆向思维，以退为进，特别是人在走投无路的时候，可以达到退一进十的效果。下面就是个很好的例子。

有一所学校，每年都举行智力竞赛，参加比赛的学生很多，竞争异常激烈。有6名聪明的学生在几百人中脱颖而出，最终还要决出第一名。

这6名学生被带进教学楼，一位老师说："现在把你们关进这6间教室，每人一间，门外有人把守，看你们谁有办法，只说一句话，就能让门外的警卫把你们放出去。不过有两个条件：一是不准硬闯出门；二是即使放出来，也不能让警卫跟着你。"老师说完便示意孩子们进去，"好了，孩子们，请吧！"

6位学生各自走进教室，思考着如何用一句话就能让警卫叔叔放自己出去。三个小时过去了，没有一个人发出声响。正在这时，一个学生走到警卫跟前，惭愧地低声说："警卫叔叔，这场比赛太难了，我不想参加了，请您放我出去吧。"警卫一听，打开了房门，让他走了出来。看着这个沮丧的小家伙临阵退缩了，警卫很惋惜。然而走出大门的学生随即又回来了，他走到老师跟前，说："老师您看，您的要求我办到了！"老师一把抱住了孩子，高兴地称赞他是竞赛的胜出者，是真正的聪明人。

阴性管理五大法则

前面讲过乾卦的阳性管理五大法则，多数人可能会说："我就是这么做的。"但是说到阴性管理法则，很多人可能还没有这么去做。相对许多成功人士而言，乾卦和坤卦的两大管理法则，现在缺乏的不是阳性管理法则，而是阴性管理法则。阴性管理法则也有五条。

第一条，包容法则。坤卦说了"厚德载物""兼容并包"。对于一个企业来讲，"厚德载物""兼容并包"就是要求管理者能够包容与自己意见不同的人，看出别人的优点，有包容之心。

第二条，柔顺法则。老子说："坚强者死之徒，柔弱者生之徒。"要以柔克刚，相反相成，有时甚至要反向来做。

《孙子兵法》说，"战势不过奇正"，而"奇正之变，不可胜穷也"。奇正的变化也是永远没有完结的，没有尽头的。那奇和正是什么意思呢？奇是阴，正是阳，奇和正就是阴和阳。阴阳这个词很有意思，通常说"阴阳"，而不说"阳阴"，阴总是放在第一位的。老子是崇尚阴的，兵家实际上是道家的一个分支，而道家又是从坤卦延伸而来的。"势"就是奇和正，究竟要抓住阴的一面还是阳的一面？怎么取得胜利？就是要"出奇制胜"，这个成语源自《孙子兵法》的六个字——"以正和，以奇胜"，就是要在"正"和"奇"这两个字上做文章。"以正和"，要符合正道，即要想取得胜利就要"以奇胜"，出奇才能取得胜利。最后，编者大胆给老子下一个定义，老子是一个伟大的"阴谋家"，这个词用在此处是一个褒义词，不是现在所说的搞阴谋诡计的意思。他从阴性入手，"以奇胜"的"奇"就是阴的意思，从反向入手，取得胜利，这就是道家的大智慧！干任何事情都应该如此，做企业，能出奇招、做出自己的品牌才会取得成功。

第三条，忍让法则。现在有很多人只知道进，不知道退。不妨来设想一下，一条虫僵直地向前爬是不行的，它每前行一点都要把身体先收回来，才能继续往前蠕动。所以退是为了更好地进，忍让实际上是为了前进，这就叫"欲擒故纵"。大家都知道，有一句话叫"退一步海阔天空，让三分风平浪静"，讲的就是这个道理。有好多人一直埋头往前走，这时你不妨往后退一下，"蓦然回首"，可能发现"那人却在灯火阑珊处"，这是一种智慧。"克己安仁，修己安仁"，"修己"是在"克己"的基础上，实际上就是儒家要求我们的"克己复礼"，克制自己，修正自己，克制私欲回归于礼。在我们管理的法则上，就是反向来想，退一步去做，"多行退守"，往后退的意义实际上是为了前进，这也是"欲擒故纵"。这些都是老子的大智慧。

第四条，顺势法则。要顺"时势"而行，"时势"要注意"时"和"位"，抓住时位，要顺应它，像水一样，水是顺着山势的走向流动的，因而强调"自然无为"，顺应自然之势，这也是老子的智慧。

最后一条法则是要谨慎、含蓄。这些都是从坤卦的卦爻辞当中提炼出来的，第三爻要"含章"，第四爻要"括囊"，都是谨慎、含蓄的表现。曾国藩的一生如果用一个词来概括，那就是"收敛"，这就是谨慎、含蓄的反映。

这五大法则，是现代企业家最缺乏的。如果众人已经具备了乾卦的五条阳性管理法则，再加上五条坤卦的阴性管理法则，在管理上努力做到"中和"，就能达到很高的境界。

分享一下老子的大智慧。老子认为最柔弱的是水，老子说："上善若水，水善利万物而不争，处众人之所恶，故几于道。"最大的、最高的善就像水一样，因为水是利于万物的，且不与万物相争，总是往低处流，处在众人所讨厌的地方，所以说它接近于"道"。老子崇尚"道"，什么像"道"？水。因而老子说"道"所用的比喻大多是带"女"字旁和"水"字旁的字，其意思就是说女人，尤其是女婴，还有水，这多像"道"啊！他有许多这样的词句，"天下莫柔弱于水"，天下最柔弱的东西就是水，而"攻坚强者莫之能胜"，但是水去攻坚克强则是任何东西也胜不过的，比如水滴石穿。"人之生也柔弱，其死也坚强"，人活着的时候是柔弱的，死了就变"坚强"了，变成一具僵尸了；"草木之生也柔脆，其死也枯槁"，草木生的时候是柔软的，而死的时候就枯萎了，"故坚强者死之徒，柔弱者生之徒"。

坤卦说明的管理道理，总结成阴性管理的五大法则。

坤卦说君子以厚德载物，兼容并包。厚德和载物不是并列关系，不是既厚德又载物，那是一种什么关系呢？是一种因果关系、条件关系、假设关系。如果厚德，就能载物；因为厚德，所以载物；只有厚德，才能载物。厚德是最重要的，为什么？为什么讲坤卦的时候要讲厚德？因为大地是最厚重的，大地上的事物再厚也厚不过大地本身。这个德主要指什么？实际上就是这五条：包容的德、柔顺的德、忍让的德、顺势的德、谨慎的德。

包容法则（厚德载物、兼容并包）

第一法则是包容，大地能包容万物，水也能包容万物，包容是管理者应该具备的一种品质。想一想，多数管理者是不是具有这种包容精神？坤卦说要"厚德载物"，要"兼容并包"。"自强不息，厚德载物"是清华大学的校训。北京大学有相当一部分人不知道母校的校训是什么。为什么？因为这个校训没有特点，这是比较遗憾的事情。如果要确立北大的校训，"兼容并包"这四个字应该考虑进去，因为这是北大之父蔡元培先生提出来的。学术只有兼容并包，才能发扬光大。北大很早就有兼容精神，所以北大是跟中国现代史的重大事件联系在一起的，各种各样的思想、各种各样的人才，她都能够兼容。

其实北大有一点像坤卦，当然说的不是现在。老北大绝对是学术自由，兼容并包的。北大有三个95岁去世的教授，第一位是梁漱溟，第二位是冯友兰，第三位是张岱年，都很有名望。梁漱溟当年没有大学学历，但是后来被北大聘去当了教授，当时北大聘用的人中好多人都没有学历，可是他们的的确确有才，于是北大就不拘一格下了聘书。

企业中好多老板容不下和自己意见不同的员工，这是个大问题。如果开董事会，董事长说一句话，大家都说好，这个企业就彻底倒退了。企业的老总若有兼容的精神，企业就能做得好。我们听国学，听《周易》，不单单是在"听"，而是要"悟"，要跟自己现实中的情况一一对应，看是不是有一种包容的精神。如果鲍叔牙没有一颗包容之心，就没有管仲的成就；没有管仲，在中国历史上，"春秋五霸"中就没有齐桓公的位置。鲍叔牙有很大的包容性，管仲把他俩赚的钱放到自己的腰包里去了，鲍叔牙只说，这个不是贪，而是因为他家里太贫穷了。管仲跟别人谋事情，他一出主意，事情反而弄得更糟，鲍叔牙也不认为他愚蠢，只是觉得他没有遇到机会。管仲上战场打仗，"三战三走"，三次上战场三次逃跑，鲍叔牙也不认为他懦弱胆怯，只认为他家有老母，说他应该回去。鲍叔牙能看出别人的优点，所以他才有这种包容之心，这一点值得今人学习。

柔顺法则（以柔克刚，相反相成，出奇制胜）

第二条法则是柔顺，要以柔克刚，相反相成，出奇制胜。做管理的人现在最缺乏的就是柔，缺乏的是水性思维，缺乏的是坤德，缺乏的是以柔克刚。

做领导的要柔顺，这个柔顺，一般人不理解，认为做领导的，就是要刚强，怎么能柔顺呢？他们认为柔顺象征着无能，可是情况往往不是这样的。

比如说华夏文明，她是世界四大文明之一，是唯一能够流传到今天的，因为它柔顺的特征非常突出。好多人有这样的疑问，世界的未来什么文化占主导地位？我个人觉得，肯定是中国文化。

只有柔弱的东西才能够被继承，不妨来看，物质层面和精神层面，哪一个是柔弱的，哪一个是无形的，哪一个是有形的？当然物质层面是有形的，精神层面是无形的，所以说精神属阴，物质属阳，因为它看得见、摸得着，所以属阳。谁的力量大？精神的力量大！

有些人会感到疑惑，有些人会自作聪明地回答：那要看处在哪个阶段。比如说，我没有钱的时候，物质的力量大；有钱的时候，衣食住行都解决了，那就是精神的力量大。其实不见得。举个例子，像伊拉克、阿富汗那些地方的人，他们生活得并不怎么样，但他们可以为了精神追求去死，物质的力量是达不到这一点的。再比如，某人给你一亿元钱，让你一个礼拜之后去死，估计你无法接受。所以精神的力量大、阴性的力量大，这就是以柔克刚。有一个成语叫"水滴石穿"，水很柔弱，它一滴一滴地能把石头滴穿。水很柔弱吧？但是一旦暴发洪水，谁也抵挡不住，那真是洪水猛兽呀。所以柔弱太重要了，它远远超过了乾卦的阳性智慧。我们现在需要的是阴柔，相反才能相成，要反其道而行之。可口可乐做得很好，百事可乐怎么追上来的？只有反向地做：可口可乐是红色包装，百事可乐就做成蓝色包装；可口可乐是高端定位，百事可乐的定位力争做到更精准，可口可乐的定位是8岁到80岁，百事可乐的定位是年轻一代。王老吉也是这么做上来的，都是反向地做：别的饮料都是含有咖啡因的，而王老吉不是，用中国人的话来说，别的饮料是上火的，王老吉是去火的，所以能完成三十个亿的销售量，成功的案例都说明相反才能相成，柔顺就是要从反面来克刚。

顺势法则（时位、自然无为）

第三条法则是要顺势，要顺"时势"而行。这个"时势"就是要注意"时"和"位"，抓住时位，要顺应着它，像水一样，顺着山势的走向而流动。这里强调"自然无为"，要顺应自然之势，是老子的智慧。

《孙子兵法》就说了一个字，就是"势"，即顺势，万事要顺势而为。

水的四大特性里面有一条是顺势，而坤卦的第一爻叫"履霜坚冰至"，表明了一种势：先下霜，然后慢慢地结冰，薄冰结成坚冰，这是顺势。孔子认为"积善之家必有余庆，积不善之家必有余殃"是一个积累的过程，也是一个顺势的过程。他接着又说，"臣弑其君，子弑其父，非一朝一夕之故，其所由来者渐矣"。大臣把君主杀了，儿子把老子杀了，员工把老板杀了，不是一朝一夕的矛盾，而是长久积累的结果。好多人不明白，为什么"履霜坚冰至"是这个意思，这都是一些类推。孔子的意思是，矛盾的积累达到一定的程度，就会被激化，其后果就会很严重。当然，如今的企业里面没有这么大的矛盾。孔子指出，矛盾的发展是顺势的过程，由来久远，那这个矛盾怎么解决？回到开头的元亨利贞。好多做企业的老板非常痛苦，因为他初始的"元"没有找到，最根本的目标也没有找到。只有找到"元"，从源头上解决矛盾，重新回复和谐，才可实现此消彼长。

忍让法则（克己安人、多行退守、欲擒故纵）

第三条法则是忍让。现在的企业都讲进，不讲退。这就要求管理者要"克己安仁，修己安仁"。这八个字是孔子的重要思想之一，被称为管理学的第一大法则。曾仕强先生也曾讲过修己安仁，修己就是克己，孔子说："克己复礼为仁，一日克己复礼，天下归仁焉。"

克己非常重要，这是从大地和水里获取的智慧，因为水是越来越往下沉，它克制自己，我们人也要克己。克己就是克制自己，只有如此，才能去安仁。安仁即安人，安人就是使别人安，这是仁爱的表现。实际上企业管理也要克己，管理的问题往往是自己的问题，不是别人的问题，管理者一定要搞清楚，要从自己入手，多行退守，欲擒故纵，这实际上是一种智慧。

好多人都说老子太消极了，老子的学说是消极的，孔子的学说是积极的；老子的学说是出世的，孔子的学说是入世的。实际上这是一种错误的观点，我曾大胆地说过，老子是一个伟大的"阴谋家"，从阴性入手。《孙子兵法》有五事：道、天、地、将、法。道就是老子的道，其目的是要"擒"，但他故意"纵"，这是他的智慧，所以好多人说他耍阴谋，但是"阴谋"这个词在这里是一个褒义词。

谨慎法则（含蓄、反思）

最后一个法则是要谨慎、含蓄。做事一定要谨慎含蓄，这里包含两个方面，一个是说话，另一个是行为。按照道家的观点，老子解释为："塞其兑，闭其门。"兑卦的兑是什么意思？是嘴巴。"塞其兑"是什么？就是堵住嘴巴，堵住嘴巴就是禁语。

曾国藩的一生可以用两个字来概括，就是谨慎，或者叫内敛。因为谨慎，曾国藩才能成为一个成功的人。曾国藩为人处世用的是阴性管理的法则，他对这个法则的理解非常透彻。

曾国藩打洪秀全的时候，起初是一败涂地。后来他去找左宗棠，左宗棠是恃才傲物之人，他有个外号，叫"今亮"，称自己为当今的诸葛亮。当时，他很瞧不起曾国藩。曾国藩去拜访他，他的仆人进去禀告。左宗棠一听曾国藩是一个人来的，就让仆人把边门打开。没想到，曾国藩还真从边门进来了。左宗棠就问："你来找我干什么？"曾国藩很谦恭地回答："我想到了一副对联，我字写得不好，想请您给我写一下。"左宗棠一听曾国藩是来求字的，心里自然就很高兴，于是答应了曾国藩的请求。此故事前文已有涉及，这里不再表述，只讲这副对联。曾国藩的这副对联是："敬胜怠，义胜欲；知其雄，守其雌"。"敬胜怠，义胜欲"是从"敬以直内，义以方外"这句变化来的。"知其雄，守其雌"出自老子《道德经》："知其雄，守其雌，为天下溪……知其白，守其黑，为天下式……知其荣，守其辱，为天下谷……"从这副对联可以看出，这时候的曾国藩已形成道家或者说坤卦的思维。在此之前，曾国藩是典型的儒家思维，乾卦思维。之后，曾国藩转变斗争思路，使战争的局势发生了变化，很快打败了洪秀全。

这种管理的智慧是最重要的，管理者若能慢慢领会，肯定会受益无穷。

周易精神与管理智慧

乾坤精神——成功之源

上面是对乾卦、坤卦的大意及两卦精神的讲解，现在给大家讲一下《周易》精神与文化的关系。乾卦象征着万物起始。《系辞传》说："乾知大始，坤作成物。"在人类社会中，所有的存在都是文化的产物，都是从文化衍生出来的。所以，文化是源头，是根本。乾卦是万物之源，所以乾卦精神就是文化精神，而且是文化源头的源头。前面谈过，《周易》是中国文化的源头，是中国文化的主干。《周易》的根本精神就是乾坤二卦，就是一个阴一个阳，一个有形一个无形，一个动一个静。用大众非常熟悉的电脑语言来说，就是一个"一"、一个"零"。《周易》的精神就是阴阳平衡，永保太和。这个精神虽然简单，但是天下所有的道理都包含在这里面了。所以《系辞传》说"乾以易知，坤以简能"，又说"易简而天下之理得矣，天下之理得，而成位乎其中矣"。怎么讲？就是说虽然乾卦只是一个"一"，但只要能做到这个"一"，就可以无往而不胜。得到了天下的大道理，成功就是水到渠成的事情了，所谓"成位乎其中"。

"乾为天""坤为地"，乾卦是《周易》的第一卦，坤卦为第二卦，两者是《周易》六十四卦的总卦。

乾坤二卦一个纯阳一个纯阴，它们相反相成，对立统一，揭示了事物发展的基本动力和基本生存哲学——生生不息与厚德载物。这两个基本精神，应该说是现代企业管理者应该具有的基本素质，既要"与时偕行"，不断进取，又要有德，有厚德，有良好的品行与社会责任感。乾卦的卦辞为"乾：元，亨，利，贞"，坤卦的卦辞为"坤：元亨，利牝马之贞"。两卦精神的和谐构成了企业常青的基石，作为阳性的、主导的、创造的乾卦，代表着企业的开创进取；作为阴性的、从属的、滋养的坤卦，代表着企业生命能量的蓄积，回归社会的责任，代表着企业宽容接纳的精神，以及对社会、对民众的爱。

乾卦，经过"六爻"的变化，从潜龙成长变化成"飞龙"，事业能够壮大兴盛，但是在经营过程中，还是要有坤卦，要有谨慎的态度，有厚德、宽容、守成的精神，不是一味地冲，一味地进，还要有回归，有滋养，保持动和静、出和入、阳和阴的平衡。

中国的管理精神是阴阳和谐，也就是整个的乾坤精神，这样才是符合"道"的管理。

乾坤精神

乾卦中的"天行健，君子以自强不息"和坤卦中的"地势坤，君子以厚德载物"，大家都比较熟悉。张岱年先生经常说中华民族的精神就是"自强不息"与"厚德载物"，用这八个字来概括中华民族的精神真是太恰当了。《周易》的乾卦精神和坤卦精神，就是儒家精神和道家精神。《周易》里还有一些精神，像刚健坚毅、忧患意识（"忧患"一词就出自《周易》，"作《易》者，其有忧患乎"）、与时俱进（就是乾卦九三爻"与时偕行"）、穷则思变（出自《周易》，"穷则变，变则通，通则久"），还有仁义礼智四德（就是"元亨利贞"）。所谓诚信忠心，即人心一定要诚，要去信一个事物，只有信才能有具体的行动，这也是乾卦中的内容，乾卦里还有很多东西，需要我们慢慢领会。

中华民族的精神就是乾卦和坤卦精神——自强不息，厚德载物。这样才能亨通义理，止于至善，达到向内探求，在时间、空间、义利和生死等观念上超越自我。

什么叫自强不息？

自强不息中值得注意的是"自"，儒释道不管哪一家，强调的都是自己，自己强才不会停止，一定要自己强，别人叫你强没有用。儒释道三教，如果都是宗教的话，它不相信任何人，不像基督教。基督教信上帝，信一个外在的存在，在基督教中没听过"我可以成为上帝"的说法。但在中国，儒家从"道德"入手，重视伦理修养，通过所谓的"克己复礼""存心养性"等道德修养来达到"内圣外王"的圣人境界，就是说自己通过努力是可以成为圣人的；道教从"气化"入手，重视"生理"修炼，通过"性命双修""修真悟道"，还有炼丹等，来达到长生不老的神仙境界，自己可以成为神仙；而佛家更是这样，这里说的佛家，不是寺庙里的佛教。寺庙里塑一个泥胎，说是释迦牟尼，那是世俗化的理解，而真正意义上的佛教从"智慧"开始，重视"心理"的觉悟，通过"戒定慧"的修持来达到"真空妙有"的涅槃境界，以至成佛。三教说的都是自己，自己要强，就可以成为圣人，就可以成为仙人，就可以成为佛。佛是什么？佛是大便——这是禅宗说的，禅宗说"佛是干屎橛"，这不是骂佛吗？一般人听了，不明白禅宗怎么会说这种话。这不是骂佛，这是在赞美佛，他的意思是说众生皆有佛性，他说大便有佛性，灯有佛性，人也有佛性，什么都有佛性，佛并不神秘，明性见心，即可成佛。为什么要把那个泥胎毁掉？那就是说我不要一个外在的东西，要自己信奉自己，一定要相信自己，自己强才是真正的强，所以要"自强不息"。

什么是厚德载物？

德一定要厚。孔子解释说是五德，即儒家的仁义礼智信。有了五德，才可以承载万物，才可以包容万物。"载物"还有一个意思，是载福，有福气,有钱。有德与有钱,好像隔得很远,其实不是。仁义礼智信中的"信"最重要了,仁是最高的德,所有的德都要落实在"信"上。

乾坤——《周易》的精神

"和"是乾坤精神的集中体现。乾卦加上坤卦的精神就是《周易》的精神,也是中华文化的精神,最集中的体现就是太和,"保和太和,乃利贞"。故宫最大的殿太和殿,还有保和殿、中和殿的殿名,均取自《周易》。《周易》的精神第一是太和,第二是合和,第三是中和。有人问我,"中和"跟"太和""合和"有什么区别?"太和"是中国人最高的理想境界、最高的价值取向,而"中和""合和"是达到这一最高境界的途径,要守中,要中正。"合和"重在"和",孔子说:"君子和而不同,小人同而不和。"应该不同,应该"和"。

乾坤——万有的符号

《易传》中有好多讲到乾坤两卦的内容,在这里也顺便讲一下。如:"乾道成男,坤道成女,乾知大始,坤作成物。"先不要把卦看得太重,那只是一种符号,表现出一种数理逻辑,也表现出一种符号逻辑。在过去,乾卦代表男人,坤卦代表女人。如过去写婚书,男方的八字称"乾造",女方的八字称"坤造",就是以乾、坤两卦为代表,没有读过《周易》的人,认为是江湖人士的秘语,实际上几千年来的中国文化,都是以这两个卦为代表的。"乾道成男,坤道成女",乾代表阳,坤代表阴,男人就是阳,女人就是阴。"乾知大始,坤作成物。"乾坤两卦,代表了宇宙物理的形成,乾卦这个符号代表了本体。

宇宙是怎样开始的?西方宗教认为,宇宙是由一位主宰创造的,人类万物都是这位主宰创造的。但中国文化只说人命源于天,如《中庸》所说:"天命之谓性,率性之谓道,修道之谓教。"

人命归于天,这个"天"并不是宗教观念的天,是形而上的符号,《周易》上没有这种神秘的观念。生命有其来源,哲学上称为本体,宗教中称作主宰、神、上帝、佛、道，而《周易》中称为"乾"，宇宙万物，都是从"乾"生发出来的，"乾知大始"，一切万物都是从乾而来。

坤卦，代表物质世界形成以后。在物质世界没有形成以前，没有天，没有地，没有男，没有女，这就是本体。"本体"一词是根据西方哲学翻译而来的，在中国古代文化中，宇宙尚没有形成的阶段是乾，等到宇宙万物形成以后，她的符号为"坤"，"坤作"是说她的功能创造了万物。

我们读《系辞传》时，感觉文字很美。读书要深思，其中的每一句话包括的内容有很多，这是中国古文的简化。简化有简化的好处，尤其是孔子写《系辞传》的时候，还没有纸笔，那时一个观念、一句话，要表达出来，不像现在这样可以写很多很多的字，而是用刀在竹片上刻，多麻烦！所以一个字就代表了一个观念，把这许多字凑拢起来，就是后世所称的古文。所谓文，也就是言语思想的整合。我们现在的人读不懂古文，反而指责它，其实其中包含的科学、哲学道理，很多是值得我们学习的。

乾坤与性别心理

"乾道成男，坤道成女。"道家在阐释男性女性时说：男人一身都是阳性，只有一点真阴；女人一身都是阴性，只有一点真阳。这就是说阳中有阴，阴中有阳。有些人不信，不妨举例来看，一个男人，身材魁梧，脾气很大，即使气宇轩昂的人，往往也有女性的情感；反之，看起来很温柔的女性，遇事心理状态也有男性化的成分。心理学上这方面的例子有很多，如中国古代贬损女性的话："青竹蛇儿口，黄蜂尾上针，两般皆不毒，最毒妇人心。"好像妇人最坏了。女性的性情本来很温柔，但下定决心后，其果断的力量有时比男性还要大，而某些个性非常偏执的男人，到了某个阶段，反会犹疑不决。女性在某些方面表现得比男性聪明，天生敏感，即所谓直觉。可是，综合起来看，似乎又是男性更为高明；尽管男性整体上表现得更高明，但在某一点上也不影响他犯糊涂，这即是从心理学上看阴中有阳，阳中有阴的道理。

"乾道成男，坤道成女"，从中国医药方面进行研究，如男女的更年期，女子在四十九岁左右，男子在五十六岁左右。有的妇女在更年期，生理起了变化,个性也发生了改变,原不喜说话的变得啰唆了,原来爱说话的变得多愁善感、深沉、忧郁了,原来保守的变得狂放了。夫妇、家庭间出问题的,此一时期比年轻时还要多,究其原因即是生理、心理起了变化。

乾、坤的性质和用处

《周易》是一门什么样的学问?它是一种符号逻辑,代表了数理、宇宙生命、个人生命等。用《周易》文化来讲做人做事的道理,第一位如此做的是周文王,第二位是文王的儿子周公,第三位是孔子。

"乾以易知,坤以简能,易则易知,简则易从。易知则有亲,易从则有功。有亲则可久,有功则可大。可久则贤人之德,可大则贤人之业。易简而天下之理得矣,天下之理得,而成位乎其中矣。"

"乾以易知,坤以简能"只有八个字,如把"以"字拿掉,就剩六个字了,但解说起来却麻烦得很。如"易知"的"易",到底是《周易》的易,还是容易的易?这句话是说乾卦的功能,也在说宇宙的功能,要怎样去了解它?第一个解释可以说懂了《周易》,就可以了解它。第二个解释是说宇宙的功能是很容易懂的。我认为第二个解释是对的,因为下面说"坤以简能",这个简字也有两种解释,一个是简单的意思,另一个则是"拣选"的意思。如我们的文官有简任、委任一说,用在这里就是"拣选"的意思。古代皇帝派一个钦差大臣出去,也称拣选,就是特别挑选出来的意思,也可以说是精选。而"坤以简能"的"简",是简单容易的意思,就是说《周易》的解读,不要看得太难,它是简单容易的。自古以来,《周易》始终被一种"神秘"的色彩所围绕,这是错误的,读懂了《周易》,就不觉得神秘了。最高深的道理,也是最平凡的道理,这也是告诉我们《周易》是最平凡的。

"易则易知,简则易从。易知则有亲,易从则有功。有亲则可久,有功则可大。可久则贤人之德,可大则贤人之业。"这几句话我们都可以看懂,就不必一字一句解释了。这些文字非常优美,但在研究人文文化上,有一点要注意,儒家孔孟的思想、道家老庄的思想,乃至诸子百家的思想,都是从《周易》来的。孔子说:"易简而天下之理得矣,天下之理得,而成

第三章　两仪管理

位乎其中矣。"孔子明白地告诉我们，天地间最高深的道理最平凡，有些事之所以会看不懂，认为其高深，乃是因为我们的智慧不够。天下之理在哪里？是"成位乎其中"。所谓"成位"，用现代观念来说，就是"人生的本位"或者"人的生命价值"，生命的法则、生命的意义，都可以在其中找出来。

两仪——阴阳管理

分享完阳性管理法则和阴性管理法则、乾卦和坤卦，我们来看一下，乾卦和坤卦的几种组合。

乾坤的组合只有两种情况，一种情况是乾在上，坤在下；另外一种情况是坤在上，乾在下。这就构成了两个卦，一个叫泰卦，一个叫否卦。有一个成语叫否极泰来。想象一下，乾为天，坤为地。天在上地在下是泰，还是地在上天在下是泰？

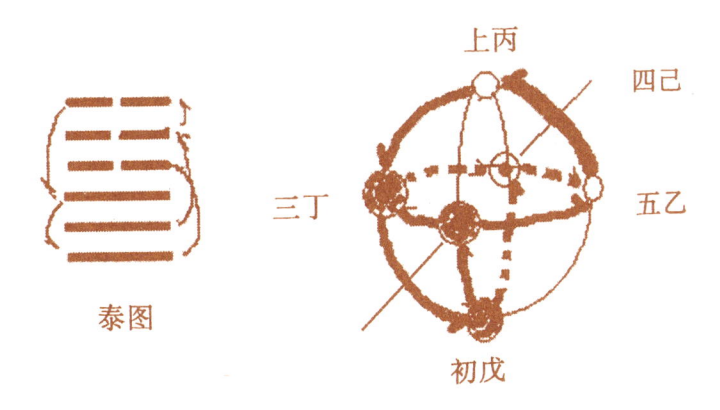

泰图

上丙
四己
三丁
五乙
初戊

123

泰卦与否卦——管理重在沟通、相应

管理重在沟通

乾卦和坤卦又可以组合成两个新卦。一个是乾卦在上，坤卦在下，组合成否卦；另一个是乾卦在下，坤卦在上，组合成泰卦。第一种组合方式更合理，因为八卦是从下往上的，上为天、下为地，符合自然规律。

为什么第二种组合是"泰"，第一种反而是"否"呢？西方人的思考方式是形思维，他们对形体的把握非常严密和细致，能够把具体的事物分析得非常细。中国人则是象思维，这种象超越形体，不拘泥于形体，是从形体里跳出来的，所以这样的组合才是"泰"。

泰卦是"天"在下而"地"在上，与现实正好相反，它象征着天地交感，故泰卦为吉。而否卦与泰卦刚好相反，"地"在下而"天"在上，现实原本如此，这样就表示没有上下交感的动因，没有前途，否卦表示不吉。泰卦与否卦的"象"相反，一吉一凶，其根据就是变与不变、动与不动、交感与不交感。

《象传》曰："天地交，泰。后以财成天地之道，辅相天地之宜，以左右民。"泰卦可以左右人民、统治人民，当然也可以治理企业。就"地"和"天"的功能而言，它实际的意思是，天气是上升的，地气是下降的。一个上升，一个下降，在中间沟通了，所以就叫天地交泰。天气和地气相互交通就叫"泰"。

反过来，如果天气往上升，地气往下降，中间没有沟通，就会塞住、堵住。中医有个病证叫"痞"，就是从这里发展而来的。"三阳开泰"是指三根阳爻就可以开出一个泰卦。按照十二消息卦，三阳开泰正值正月。泰卦的意思就是要沟通、交通。"天地交而万物通，上下交而其志同"，也强调了沟通的重要性。

管理重在"相应"

在任何一个卦里，都有六个爻，这六个爻形成一种相应关系，即下卦的第一爻和上卦的第一爻相应（初爻和四爻相应，二爻和五爻相应，三爻和六爻相应），这种相应关系好比人与人、企业与企业、正手与副手、企业与客户之间的相应。

阳爻与阴爻、阴爻与阳爻相应，称为"有应"；阳爻与阳爻、阴爻与阴爻相应，称为"无应"。只要是"有应"就叫"和"，反之就叫"不和"。所以，做企业要有"和"的思想，企业的领导者和员工要经常进行换位思考。

综上所述，泰卦给我们的启示至少有两点：

第一点是要交流，要沟通，即要经常进行换位思考。

第二点是要"和"，要"相应"。

人需要经常沟通。"矛盾的百分之九十九是误会，误会的百分之九十九是不沟通。"只有经常沟通，不断相应，才能达到和谐的局面。

地在上是泰。为什么地在上是泰，天在上反而是否？这是一种什么样的思维，是不是形思维？这不是形思维，而是一种象思维。如果是形思维那就是大地长在天上了，不符合自然状况。

从这里看，阴和阳两种管理方式是截然相对的。有人说，我按阴性思维进行管理，不能管好，按阳性思维进行管理，也管不好，只有阴和阳一起配合才能管好企业。

怎么配合？地在上，天在下，也就是阴在上，阳在下，这个时候才行。这种配合叫相应。之所以这样，是因为它不是从形体上来说的，而是从功能上讲的，也就是从它的气来说，即天之气和地之气。天气的运动方式是往上升，地气是往下沉，这样就构成了一种交，就有交流和沟通了，这就是泰。

企业的管理者，在设定战略目标并要采取行动时，需要将目标与行动计划有效地传达给部门员工以达成共识，这就是必要的沟通。同时，完成目标需进行一些活动、决策，构成一定的关系，选择合适的人去完成，不断地进行双向沟通,激励他们把负责不同岗位的人变成一个高效的团队。其间,管理者和上司、下属的沟通是衡量组织绩效的重要标准。

  双向沟通能发现人才、培养人才,能使员工快速成长,但也可能会产生误导,压抑人才的发展。要想使沟通产生积极的意义,管理者的引导是关键,即管理者要光明磊落、公正无私,要鼓励和弘扬积极向上的精神,并善于倾听对方的心声。总之,双向沟通的良好效果来自双方的坦诚与公正心。

管理重在虚实结合

  阴和阳这两种管理法则,关键在于两个人的互相配合,如果这么简单地理解,也没有错。这就是说坤卦所包含的文化、精神等虚的事物,比那些有形的东西重要,精神层面比物质层面相对更重要。所以有形的放在下边,无形的放在上边。管理最终是一种文化管理。

  很多人问我,企业现在还没发展到"文化管理"那个阶段,因为制度不健全,有形的产品也做得不太好,这该怎么解决?按《周易》的管理模式,首先要把有形的产品做好,把制度健全并落实,但这时不要只顾健全制度而不考虑企业文化,要注意这只是侧重点不同。制度管理和文化管理二者并存,就如同自行车的两个轮子,你说是前轮重要还是后轮重要?文化管理不一定是最后的阶段,这一阶段的企业管理以文化为主,当然也要考虑制度建设,它们不是截然分开的,而是相辅相成的。制度的最高境界是文化,文化的有效体现就是制度。东方人的思维没有将它们截然分开,这是我们的智慧。

上级与下级、企业与客户、企业与竞争对手

  两仪阴阳可以比作上级和下级、企业和客户、企业和竞争对手,他们

都是交互竞合关系。这些关系中最关键的就是要沟通。之所以泰卦叫"天地交而万物通也，上下交而其志同也"，就是因为天地相交和。而否卦和它相反，天地不交而万物不通也，上下不交而天下无邦也，就是不交通。把阴性和阳性两种管理方式割裂开来是不行的，这里强调的是，阴阳管理方式要协调好。

作为企业管理者，要协调好长远目标和眼前需求、长期和短期的利益要求，一方面要埋头实干，另一方面要放宽视野，把短期的权宜之计和长期的基本目标结合起来，即使无法考虑周全，也要学会控制平衡，把成本降到最低，为企业整体效益和自己部门的效益负起责任来，这也是从阴阳两仪的思维中发现的智慧。

"二"的管理艺术——贵"应"

阴和阳之间最可贵的是要呼应，即要应。"应"在《周易》里是有一套规律的，那就是上卦和下卦要呼应，上下的呼应具体来说就是一和四相应，二和五相应，三和六相应。上下的相应叫作和。上下如果不相应，要么全阳，要么全阴，叫作不和。太极思维归结为一个字，那就是"和"。如果两个都是阳的，比如说企业的正手和副手，属性完全一样，都是属火的，那叫不相应，就"和"不起来了。所以要一个属阳，一个属阴，这样的配合才是最佳的，也叫阴阳感应，有感应才能达到上下一心，上下统一。阴和阳这两种管理方式不是截然分开的，把阴和阳结合起来，就是阴阳两仪的管理。这是总体的原则。

《易道》的管理偏向于文化的管理。诚然我们现在的很多制度还不是很完善，不是很健全，但是我们的文化呢？我国的法律条款，不能说不多，但部分公民有法不依，钻法律的空子，这也是一个文化问题。所以现在需要的不仅是制度，更需要文化。文化建立需要信仰，我们民族最大的危机就是信仰危机。一个人的人生信仰是他所认定的一生中最重要的事情，政治信仰是为了追求某种政治理想，并建立某种政权。宗教是信仰的表现之一，但宗教是具备一些条件的，如果走偏了那就是宣扬迷信，而迷信则会使一个人的欲望越来越强。

两仪管理的领导艺术贵在"天人合一"

"天人合一"是易学中的一个重要概念，也是中国传统文化最根本的特色。它强调合作，强调和谐。两仪就是阴阳两仪，两仪管理主要指乾卦的阳性管理与坤卦的阴性管理。

就宇宙自然法则而言，天道之刚健有力与地道之柔顺宽厚，双向互补，协调并济，共同化生了万物。就人文价值而言，"自强不息"与"厚德载物"也是两种不可或缺的品德，合之则两美，离之则两伤。因此，乾坤并建，"天人合一"，刚而能柔，柔中有刚，把二者结合得恰到好处而形成一种中和之美，是管理艺术的最高境界，也是实际运作时应当奉行的基本原则。

天人合一原则

天人合一包含四个方面：与天地合其德、与日月合其明、与四时合其序、与鬼神合其吉凶。中华文化的核心观念之一就是天人合一。达到这四合，才能成为大人。

从伦理学角度来说，做人应该光明磊落，不要有私欲，不要有邪见，要符合天道；不要逆天而行，要按春夏秋冬四时的规律来做事。对企业而言，经营也要符合四种不同的阶段，要有预知未来的能力。只有按照这四合来修身养性，才能达到更高的境界。

阴阳感应原则

在六十四卦中，一爻与四爻、二爻与五爻、三爻与六爻相应。凡阳爻与阴爻、阴爻与阳爻相应，称为"有应"；阳爻与阳爻、阴爻与阴爻相应，称为"无应"。一般情况下，有应为吉，无应为凶。阴阳相感应也是管理原则之一。

在乾卦里，进入第四爻就是进入了人生的第二个阶段，再前进一步就到了九五爻。九五爻是最尊贵的一爻，表示达到了"大人"的境界就符合天德和天道了。九五爻里蕴含了许多智慧，这个智慧叫"同声相应，同气相求"，即同类的事物相互感应，也指志趣、意见相同的人互相响应，自然地结合在一起。这就是"物以类聚，人以群分"。

就企业而言，在任何岗位上，管理者和被管理者这两种角色都同时存在，经理人既是老板的下属，又是员工的上司；老板的下属是经理人，但老板又受许多客观环境的制约。没有人可以在企业中、在社会上"为所欲为"。管理者与被管理者只有相互感应，上下一心，才可万物化生，百业兴旺。

中道管理原则

中道管理就是"中正之道的管理"。中正之道是儒家、道家奉行的精神。管理者唯有大中至正，才能管得恰到好处。

老子说"万物负阴而抱阳，中气以为和"，即意守中才能达到合。阳爻居在阳位叫作正，阴爻居在阳位叫不正。如果用人不当，把阳性属性的人用在副手的位子上，则会因才能无法施展而跟你闹别扭。所以我们要知人善任，让每个人都能找到适合自己的位置。

中国式管理的目的在于安人，所以一切应以"和谐并行，相辅相成"为重。在现代管理中，最有效、最符合阴阳观念的管理方式是管理者与被管理者共同参与的中道管理。这种管理能充分激发管理者与被管理者的积极性，使双方在管理过程中相互呼应，都能实现自己的价值，满足自己的需要和参与的欲望。

第四章

五行管理

第四章 五行管理

所谓"五行管理",就是分析和平衡关乎企业生存的五个方面的关系:学习创新力(木)、价值提升力(火)、资源整合力(土)、核心竞争力(金)和驾驭变化力(水)。这五种力量的相生相克、相互平衡,正好概括了当今流行的一些管理新理念。企业经营者通过学习五行管理,一方面可以快速发现自身存在的不足,另一方面还可以突破对于当今种种管理模式的迷思,建立适合本企业的独特的管理模式,促进企业的健康成长。

五行本来就是治国的学问

有人说把国学和管理结合到一起是"拉郎配",这是因为他根本就不懂国学。箕子说治国有九种方略,这是他对历史最大的贡献。传说他被迫害逃到了朝鲜,但是《尚书·洪范》记载,武王伐纣,灭商这一天是公元前1046年1月25日,也就是牧野之战爆发之时。商纣王被灭了之后,周武王对商纣王的亲属以及大臣们都加以重用,其中就有箕子。周武王非常谦虚,他向箕子请教治理国家的方略。治理国家是最高规格的管理,箕子说治理国家其实很简单,有九种方略,也叫九畴——洪范九畴。洪就是宏大,范就是规范、规则。其中第一种最重要的就是五行。接着,他告诉周武王,五行,一曰水,二曰火,三曰木,四曰金,五曰土。五行的组合次序有一百二十种,八卦的组合次序是四万零三百二十种。箕子把水排在第一位,所以水就是一,有句话叫"天一生水"。

五行的基数是"三"

五行的基数实际上是三,这就是老子所谓的"道生一,一生二,二生三,三生万物"的"三"。

五行就是两对阴阳加一个中土,就是三。

这个"三"可以代表天、地、人三才,也就是所谓的天时、地利、人和。天时不如地利,地利不如人和,最核心的是人。这个"三",其实就是一个卦,每个卦是三根爻。有下爻、上爻和中间那一爻。上边是天时,下边是地利,中间是人和,这就是天、地、人。什么是六爻的卦?六十四卦是六根爻的,天时是五爻和六爻,地利是一爻和二爻,人和是中间的三爻和四爻,这也构成了三才。我们中国人喜欢用"三"分类,中国人的思维是"三"的思维。

三—王—丰

"三"如果用一个"一"贯穿起来,就是"王"。王字一出头就是"丰"。"三"就是天、地、人,用一道线连起来,就能做王。做了"王"还要继续把"一"贯彻下去,贯彻到底就丰收了、富有了。中国汉字"三"加一个"一",一定要统起来。做王始终要把握住天、地、人三才,能够从始至终保持通达,通达之后就是丰,也就是物质和精神上赢得了双丰收。代表中国文化的儒家、道家、佛家,其学说虽有所不同,但基本精神是相通的,可以用一根红线把它们串起来,这根红线就是易道。有了用易道串起来的中国文化，中国人就能做王了。这个"易"字，从某种意义上来说就是"一"。孔子说"吾道一以贯之"，也可以理解为"吾道易以贯之"，这样贯穿起来就学而不乱，容易获得丰收。

两种文明的冲突，是真冲突吗？
——五行法与二分法

中国人喜欢用"三"来分类，中国人的思维是"三"的思维，西方人的思维是"二"的思维，即黑和白，二元对立，二元分离，非常典型，他们的宗教、文化亦是如此。美国哈佛大学著名教授亨廷顿写了一本书，叫《两种文明的冲突》，他认为一种文明是西方文明，这种文明就是白的文明，也就是指基督教文明；另外一种是东方文明，是黑的文明，其中有儒教。这两种文明的冲突是一道线，是不能融合的。这篇文章1993年发表在《外交》期刊上。后来，亨廷顿的学生弗朗西斯·福山也写了一本书，叫《历史之终结与最后一人》，与他老师的观点恰成对比。他认为这两种文明的冲突到最后是白的文明会战胜黑的文明，也就是西方以基督教为代表的文明和有儒教的黑的文明的冲突无法解决。于是要通过战争消灭儒教文明，这个时候的人就是最后之人，剩下的这种文明当然就是白的文明，是美国式的民主、自由、制度、文化等。

这两本书在西方影响相当大，现在美国处处提防我们、限制我们，就是这种思维造成的结果。所以一个人的思维方式很重要，决定着他的行为方式。

中国人是典型的"三"的思维，五行的基数是三，即三才。太极图中间的"S"曲线就代表了"三"，所以"道生一、一生二、二生三、三生万物"。三是阴阳的交和，阴阳的"和"产生万物，所以太极图不是截然分开的，而是你中有我，我中有你，是"和"在一起的，它体现的最重要的意思就是"和"，也就是"三"。那么，世界究竟是什么走向？就是怎么对待中西方文化、怎样对待中西医结合、怎样对待中西方管理？

彼此宽容，互相尊重，求同存异，化解矛盾，己所不欲，勿施于人，这是东方智慧，也是化解战争和冲突的良药。

五行管理的关键智慧

老子说"知其白，守其黑"，知道白的，守住黑的，由此可引申为要知道西医，但是也要守住中医；要知道西方的管理，但是更要守住中国的管理。说到制度和文化，制度是白的，要知道制度，同时要守住我们的文化。可以把一个企业分为上层、中层、下层，也可以把人分为好人、坏人和不好也不坏、时好时坏、先坏后好或先好后坏的人。我们中国人讲中庸，就是抓中间这一块，叫执中，要执中间。空间也可以这样分，空间可以分为上、中、下，也可以分为左、中、右。这就是中国人喜欢用"三"进行分类。再比如我曾经说过一个高管团队，它的最佳布局就是三，一个老总、两个副总，或者一个老总、四个副总，再或者一个老总、六个副总，这都是三分类。三角形的结构最稳定，它的意义不只体现在分类学上，也反映在思维方式上，就是要守中道。

五行——象征五种"力"

木：学习创新力——学习力。

火：价值提升力——进取力。

土：资源整合力——整合力。

金：核心竞争力——目标力。
水：驾驭变化力——适应力。

　　五行，就是对"三"的一种推广。火、水、木、金、土，这是五行的方位排列。火在最上边，"火曰炎上"，这是《尚书》中说的，火是往上走的，当然排在上边，水是往低处流的，当然排在最下边，木是春天，在东方，金在西方。即水为北，火为南，木为东，金为西，这就是五行的布局。

五行与企业的五种力

　　在企业管理上五行代表的是什么呢？这些都是从功能上来说的，是意象而不是形体，也就是说它是活的，只要掌握了它的功能就可以了。我们先来看木的功能是什么。木代表春天，春天是升发的，万事万物都在春天开始生长。在企业里，木代表一种学习创新的力，上升的、升发的力。火代表的是什么？是一种进取力。火是最高、最外向的，火苗是不断往上的，这叫"火曰炎上，水曰润下"，因此，也可以指一种价值的提升。土是什么呢？是一种整合力，因为它居中央，不占四方而统领四方，不占四时而统领四时。金是向下走的，中医讲木为肝，金为肺，左肝右肺，如果从形体上来说肯定是错的，这只是一种功能模式，金要往下走，因为肺气要往下走，肺气要往上走的话就会咳嗽、哮喘。而在一个企业里"金"就是一种核心竞争力，一定要坚持到底。属金性的人意志力非常强，金属的东西一般都很硬，说到企业就是目标定位一定要准。最下面的是水，它最具适应性，所以多指驾驭变化的能力。

企业布局结构、决定因素等的"五行"

　　效益、资源、管理、市场、竞争，可以说是企业的五大战略因素，这五大因素，我们来看看它们的五行，木、火、土、金、水。

企业的结构因素与五行

企业的基本结构由五大部门组成，简单地说就是，产（生产）、销（营销）、人（人力资源）、发（研发）、财（财务）。这五类也可以分为木、火、土、金、水。我们要学会用五行、八卦、阴阳来分析问题、看待事物，知道它属于五行中的哪一行、八卦中的哪一卦。我们要掌握五行的特征，要从象思维入手，想象火是什么样子，你就能够想象它具有什么特性，在我们这个分类中它是什么。水也是如此去考虑的。水火是一对阴阳，木金是一对阴阳，再加上中间这个土。营销流通属水，资源属土（包括人力资源和物质资源），一个企业最重要的、最核心的、最关键的是人，一般资源性的东西都属土，我们用象思维，土象征大地，它能够承载万物。资是依靠的意思，依靠它的本源叫资源。水是流通，土是资源，那么效益是金，金象征一种目标。管理和市场竞争哪个是木，哪个是火呢？火是炎上的，位置最高；木是升发，是舒畅，是条达、梳理，在中医中代表肝，所以人如果抑郁就属于肝气郁结，不舒畅。综上分析，按照西方企业的结构，管理应该是火，是最高的、最广的，强调制度执行、流程细化。而市场是外部的，木有这个功能——打通市场就是要通畅、舒畅。按中国式管理，火又代表礼，有礼才亨通，"元、亨、利、贞"中的亨就是礼。木代表仁、仁爱，管理也需要仁爱，对人心的感化、教化是管理的最高境界。

产品开发与五行

我们再来看产品开发。产品、技术和人才，谁跟火比较接近呢？火是位置最高的、主动的。五行里中央统领四方，火的位置最高，又主动，能统领下面的东西。那么，产品、技术、人才，谁最具有统领的功能？人才，因而人才应该属火，火具有支配功能，向上的、茂盛的、炎热的，都属于火。产品和技术谁属金、谁属木？在金和木这一对阴阳中，金比较稳定，它是定型的，偏于静；而木是要生长的，偏向于动；另外，木还主升发、向上，金是往下降的。在产品和技术中，技术是向上的、升发的、动态的，显然技术属木，而产品已经成型，成型的东西是静态的，所以产品属金。

企业布局与五行

企业的五个部门，即产、销、人、发、财，比较容易确定的是土，人力资源属土，其余四个部门的划分就不那么清楚了，我们可以考虑从哪一个角度来进行划分。这四个部门里，研发起支配作用，也就是所谓的创造，创新是最重要的。《尚书》说："火曰炎上，水曰润下，木曰曲直，金曰从革，土爱稼穑。"从这个角度说研发是最高级别的。前面提到，土有支配作用，火也有支配作用，同样都有支配作用，两者的区别在哪里？土偏向于调节性支配，火偏向于控制性支配，因为它居于最上面，所以起控制、主导作用，调节作用较弱。综上所述，研发属火，生产就是一种生发的过程，可以为木。营销和财务谁偏向于水？有人说财务属水，有一定的道理，但比较而言，还是营销为水，财务为金，这里面有一种复杂的关系，相生相克有五种，五行的排列有多少种？八卦的排列有四万零三百二十种，那么五行的排列有多少种？是从1乘到5，就是5的阶乘。

企业布局本身不是目的，而是达成经营业绩和成效的手段，但企业布局结构是不可缺少的，企业的经营目标要着眼于未来，设计能力要展望未来五年甚至十年以上。

企业可以从经营目标入手，分析完成目标需要进行哪些活动，一般需要经营活动分析、管理决策分析和上下级关系分析。经营活动分析在企业中普遍不尽如人意，因为传统管理缺乏对这些活动的分析，往往按照既有的职能去取而代之，结果事倍功半，造成许多计划并未落地；管理决策分析需要明确由哪一级决定、哪些部门参与决策、实施时要告知哪些人；上下级关系分析必须明确经营活动的合作对象、合作范围及利益关系。阴阳五行和八卦可以帮助企业做好这些分析，以建立起高效的经营团队。

五行中谁是老大

五行的排列方式通常有以下几种，一个是把"木"排在第一位，这是比较多的。也有把五德，即仁义礼智信的"仁"排第一位的，"仁"属木，这是按照天时来排的，因为天时就是春、夏、长夏、秋、冬。第二种排法是土排在第一位，因为土居中央。还有把水排在第一位的，河图洛书就是把水排在第一位，五行至少有五种排列方式，我们刚才讲了两种，即一种把木排在第一位，木、火、土、金、水，一种把土排在第一位，从排列关系上看，从不同的角度来划分，一对一对的关系也是可以的。土不是在中央吗？然后一对一对的相矛盾。火跟水是一对矛盾、金跟木是一对矛盾，那么怎么来排列？谁跟谁是一对？生产、营销、研发、财务，从矛盾克制的关系中，又可以得出另外的结论。我们的思维不是僵化的，《周易》是变通的。生产属木，生产制约什么，或者生产被谁制约？被研发制约，研发支配生产，研发什么就生产什么。在营销和财务的关系中，营销不等于销售，但销售得多财务收入就多，这都是一对一对的矛盾。很多东西都是从不同的角度来看的，这就是庄子所说的相对。这不是自然科学，把管理当成自然科学有点僵化了，制度是硬性的，但是文化一定是流动的、软性的、变化的。

"五行"企业文化

五行还可用于企业文化，企业文化也可以看作五行的文化。有人说 TCL 的企业文化是火的文化，"茅台集团"是土文化，"希望集团"是金文化，"万科集团"是木文化，"华为"是水文化。

一个企业偏向什么，与五德有一定的关系，如果偏向于一种仁爱正直的文化，那么它是水文化；偏向于明礼，讲礼仪，那是火文化；偏向于求变、创新，那是木文化；偏向于目标明确、坚韧不拔，是金文化；偏向于诚信、宽厚，那是土文化。这是企业文化，不是标语口号。企业文化要从五个方面来建立：民族文化、地域文化、产业文化、企业名称文化、董事长的人格文化，综合起来再让它们成为全体员工的信仰，并深化在潜意识里。从五行这个角度看，比如在《黄帝内经·灵枢·阴阳二十五人》中，根据阴阳五行学说，将不同体质的人分为木、火、土、金、水五类，合为二十五人，五行还可以交叉，比如说，某人是土中之金，至少占两行，一个为体，一个为用。

企业家最缺水性管理

老子最崇尚的是"水"，称其为"上善"，即最高的善、最美的德。水的"善"表现在什么地方？老子一连用了七个"善"字。

"善居地"，是从选择居住地方方面说的。水总是往低处流，人总是喜欢往高处走，而水偏偏选择人们讨厌的低处，这就是卑下、谦虚、不争。

"心善渊"，是从心态、心胸说的。水具有大海、深渊一样的胸怀。

"与善仁"，是从与人交往、待人接物方面说的。水具有女性的仁爱、慈悲的特性。

"言善信"，是从言语上说的。言语的"善"表现为诚信。当然，水是无法言讲的，准确地说水的言语是常人听不懂的，所以这里有拟人化的意味，后面三个"善"都是拟人的说法。

"政善治"，是从行政治理方面说的。"治"字说得太好了，中国人说"治理"，西方人说"管理"，一字之差，反映了中西方管理观念的不同。"治"字从水，"管"字从竹。说明中国人重视水性管理——柔性管理，西方人重视刚性管理、阳性管理。

"事善能"，是从为人处世方面说的。水善于发挥才能，善于发挥效能。

"动善时"，是从行动、行为方面说的。水善于把握时机，体现了中国人重视时间超过重视空间的价值取向。

老子提倡用水性管理来治理一个大国，我们应该提倡用水性管理来治理一个企业，但现在最缺的恰恰就是这种管理方式。我们的企业缺的不是刚性管理，也不是自强不息精神，否则不可能一路走向成功。我们的企业家最缺的是水性管理，缺的是柔性，是文化，是顺势而为。

五行人格

　　仁义礼智信，五德配五行，怎么配？可以从木配起，也可以从土配起。哪一个为土？信为土。诚信最重要，企业文化中要是没有信，彼此没有诚信，什么事都不会做成。所以信最重要，是土，居中。谁是木？仁是木，因为按照天时的顺序，木是第一位的，木是春天，所以仁排在第一位。义属金，义是能限制别人的，有没有道义决定了一个人行为的高度。礼是火，它是在上面的，是一种支配力量，信具有调节功能，中央能调节。违背礼会受到两种惩罚：一种是法律的，一种是道德层面的。智属水，智慧存在于变化中，它随机而变。所以，我们说老子是一个大智慧者，因为老子的道就是水，水最接近于道。

　　我们再从追求目标和习惯领域来划分人的五行属性。可以将追求目标的迫切感分为适中、强、低、极其迫切、弱五个等级。木火土金水中，迫切感最强的是火。在人力资源方面，五行管理非常重要，水属性的人适合搞营销，善于处理外部事务，适应能力强，能处理好人与人之间的关系，参与谈判，能见机而动。火属性的人，善于拉关系，一拉一个准，追求目标的迫切感强，习惯性领域可变性大，但火苗随风飘，容易动摇。追求目标的迫切感低，习惯领域稳定，是土性人。追求目标的迫切感极其强，习惯领域稳定，是金性人，金命的人，喜欢钻牛角尖，不易动摇，可以说百折不挠。追求目标迫切感弱，习惯领域可变性强，这是木属性的人。

　　从人的性格特征来划分人的五行属性，调和性、协调性强，富有同情心，缺乏坚定的意志和勇敢的决心，顺从而谦虚，这类人大都具有水的属性。当然，人的个性是复杂的，要综合起来看，要抓最重要的。"牵牛要牵牛鼻子"，抓主要矛盾，也就是最突出的矛盾，人的五行就可以划分了。把人的长相、气质、行为、谈吐、性格、出生时间、地点、出生时取的名字等因素综合起来就是人的五行属性，哪一个因素最重要？性格因素，人最难懂的、最搞不清楚的就是自己的性格。还有一点非常重要，就是潜意识，人静态下的心理测试能说明许多问题。在潜意识状态下，问你一些问题，你肯定会如实回答，而不会像问卷调查一样，还会做下意识的判断。通过这些思维训练，我们基本上把握了五行的特征以及五行在企业管理上的应用，它可以应用于人，也可以应用于物，还可以应用于事。

那么，五行的管理艺术最可贵的地方在哪里？为什么它比四型强？中医实际上是五行的医学，19世纪有一个韩国人叫李济马，他提倡四象医学，是在五行医学的基础上抽调了一行，把火去掉，四象医学无火。他把人分为四类，药物、疾病也分为四类，然后一点一点往里套。四象与五行不在于分类的多少，而在于思维的价值。五行的关键是土，土居中，把四个东西围起来变成一个系统。五行相生，土生金，金生水，水生木，木生火，火生土。这就像五角星。五角星的外圆是相生的，隔一位是相克的。五行的可贵之处就在于它把这些关系整合起来了。在进行人力资源配置时，掌握人的五行非常有用。比如说，你知道自己属木，因为你是老总，那么副手应该配一个属水的。你是属火的，那副手应该配一个属木的，木生火。如果你的个性太强，火为炎上，热情，奔放，火气大，不稳定，火易摇摆，被风一吹，火苗就在动。那应该配什么？这时的副手就要找属水的，如果再找个属火的助燃一下，后果就不堪设想了。所以搭班子要把握"中"，守中道。你弱了就补你一点，你强就克你一点，所以，五行了不起的地方在关系的配置上——上中道，守中位。中道体现平衡，是最大的平衡、平和。中道的管理，又叫中庸的管理，它不同于生产的管理，也不同于人事的管理。那它又是以什么为中心的呢？以人和生产为中心，既要考虑人事，也要考虑生产。遵循中道，不能有偏心，一有偏心就会有失偏颇，要么太过，要么不及。

以松下幸之助为代表的日本人最崇尚这种管理方式。有人问他管理最重要的是什么？松下幸之助拿出两样东西——一个算盘、一本《论语》。有人又问他如果这两样东西只留一样，会去掉哪个？他把算盘放下了，拿着的是《论语》。而《论语》讲的最典型的就是中庸。中庸之为德。道家也讲中道，我们的中医就是中庸、中和的医学，法于阴阳，和于术数。中道、中庸、中和是中华文化的核心。"和"的思想最早出现在《尚书·尧典》中。"和"从家庭开始，比如改革开放是从什么事情开始的？从家庭开始的，联产承包，家族式管理，就是把企业当成家族。这种方式有它的优点，也有它的缺点，所以中道管理符合乾卦安人的理念。只有守中道，才能安人。要按五行来做，要让自己具有"土"的属性，木、火、金、水才会围绕着你，相生相克，相生相伍，这样的企业才能像家庭一样和谐，希望大家都变成中央的"土"，具有同谐的能力。

> 很久以前，有一个富翁，他有三个儿子，他们个个都有一身的本领，但都自视甚高，相互讥讽。一天，富翁卧病在床，他预感到自己死后，三个儿子定会为争家产而更加不和。于是，他想出一个办法，把三个儿子叫到病榻前，每人分了一支筷子，然后吩咐道："你们每个人都试着把手中的筷子折断。"儿子们轻而易举地就办到了。富翁又给每个儿子发了一捆筷子，然后说："你们再试试，看谁能折断。"结果三个儿子每个人都费了很大劲也没有将筷子折断。
>
> 富翁说："你们兄弟三个人要联合在一起，才会产生巨大的力量，保住我们的家产。如果你们单打独斗，就像一支筷子一样很容易被折断，遭到失败。"儿子们终于领悟了父亲的用心，老人安详地闭上了眼睛。

可见，不管是家庭、企业，还是国家，只有大家团结一致、齐心协力、共同对外，才能经得起考验，永远立于不败之地。

第五章

八卦管理

第五章　八卦管理

八卦我们都已经学过，而且非常熟悉了，我们来看一下它的主要功能。《说卦传》中讲："乾，健也；坤，顺也；震，动也；巽，入也。"乾代表刚健，坤代表柔顺，震代表震动，这是从功能上说的。震卦表示动，巽也表示动，这两个动有什么区别呢？震卦是由里往外的动，巽卦是由外往里的动，方向不同。坎，陷也，代表一种风险；离，丽也，代表美丽，我们可以理解为上升；艮，止也，就是静止；兑，说也，就是喜悦。

八卦对二进制的影响

伏羲氏通过上观天文、下察地理、中通人事，抽象地总结出了两个最简单的符号——阳爻与阴爻。八卦是由阳爻与阴爻按照一阳和一阴的顺序相互重合三次而来。八卦依次为：乾、兑、离、震、巽、坎、艮、坤。

这个次序对莱布尼茨创立二进制产生了重要影响。二进制是一种非常古老的进位制，后来被应用于电子计算机中。

1701年4月1日，通过来过中国的传教士，莱布尼茨看到六十四卦图——伏羲八卦次序图，他惊叹道："没想到我的二进制在6000年以前中国的伏羲大帝就已经做出来了。"1703年4月7日，他的第一篇关于二进制的论文发表在《法国科学院学报》上。

莱布尼茨认为，阳爻就是一，阴爻就是零，所以乾卦就是一一一。依次类推，第二卦兑卦是一一零，第三卦离卦是一零一，一直到坤卦零零零。如果把二进制换算成十进制，会发现乾、兑、离、震、巽、坎、艮、坤的排列是：七、六、五、四、三、二、一、零。莱布尼茨把六十四卦用二进制排列以后，再换算成十进制，刚好是63、62、61、60……所以莱布尼茨对八卦充满了崇敬之情。

但是，八卦并不是二进制的源头。莱布尼茨早在1676年就有了二进制的想法，1679年更有了关于一和零的想法，只是直到看到六十四卦图，才突然醒悟过来。

八卦——象征八种状态

伏羲八卦（先天八卦）

"八"就是八卦，是八种状态、八种功能、八种能力，就像五行，是指五种功能、五种状态，它是从五个东西中衍变而来，但绝对不能看成五个东西，八卦也是从八种东西中衍生出来的，它也绝对不是八种东西。中国人讲"东西"往往带有一点贬义，"你不是东西"都变成了骂人的话。这是中国人的象思维造成的结果。因为东边是木，西边是金，木和金都是实体，所以不是东西。但从另一角度来说它又不是实体，佛教也讲"诸法无我"。各种现象，不管是人还是物，万事万物都不能看成一个实体。所以，八卦表达的是一种功能。关于体和用，用是功用，中国人注重功用，不太注重实体，就是不太注重形态。中医讲五脏不是实体的五脏，中医讲的心是可以进行思维的，西医讲的心是不能进行思维的。那么，乾卦的功能主要是刚健，坤卦的功能主要是柔顺，震卦的功能主要是震荡、活动、运动，巽卦的功能主要是成长、向上，坎卦的功能主要是风险，离卦的功能主要是上升，艮卦的功能主要是停止，兑卦的功能主要是喜悦。当然，八卦的功能绝不是这么简单，只是这些是最重要的，这是《说卦传》中讲的。

八卦代表企业八种因素

乾为天，代表领导；
坤为地，代表职工；
离为火，代表生产；
坎为水，代表市场；
兑为泽，代表激励；
艮为山，代表法制；
巽为风，代表债权；
震为雷，代表债务。

天居于万物之首，犹如领导居于职工之首，"首出庶物，万国咸宁"。纵横天下的企业家，也应效法天道的元、亨、利、贞，以此恩泽天下，才能"万国咸宁"。乾德刚健，坤德柔和，二者兼具，就是刚而能柔。乾卦讲的是刚强者的进取哲学，坤卦讲的是柔顺者的辅佐哲学，万物亨通。乾为先坤为后，乾为主坤为辅，乾为君道坤为臣道，所以老子说"不敢为天下先"，正是坤位的行事原则。

坤卦要像大地母亲一样，以厚重的身体托载万物，告诉人们要培养宽厚仁和的品德，勇于承受一切，负重前行。"地势坤，君子以厚德载物。"蕴含美德而不显露，坚持正道而不居功，这样才可以"含章可贞，以时发也。或从王事，知光大也"。正如老子所说："万物作焉而不辞，生而不有，为而不恃，功成而弗居。夫唯弗居，是以不去。"

八卦是一个"象"的大系统

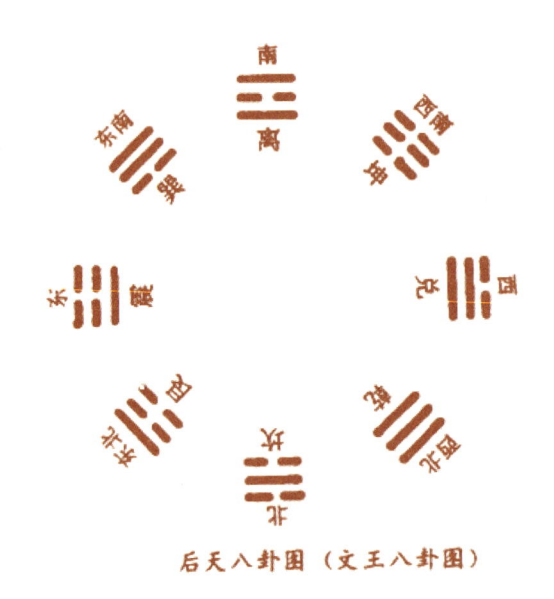

后天八卦图（文王八卦图）

方位在中国古代文化中占据很重要的地位，八卦要讲方位，风水也要讲方位，天文更要讲方位。不过，在八卦系统里，看方位要看文王八卦，甚至于古代的数学，有一位数学教授曾说，古代的数学就是方和圆。

八卦：应在人身是五脏六腑

中医直接把人看成五脏六腑。五脏是什么？它是心、肺、肝、肾、脾，中医早期也是从解剖出发的，这在《黄帝内经》里早就讲了。《黄帝内经·灵枢·经水篇》曾说："若夫八尺之士……其死可解剖而视之。"是说古代有一位八尺高的人，死了以后，被"解剖而视之"，即把他的尸体解剖开来。

后来中医不讲解剖了，而是把五行八卦加进来。中医是从象和功能出发的，认为心是最重要的，因为心是离卦，离卦就最高，但实际位置五脏中谁最高？是心吗？当然是肺高。所以最早的五行肺在最上面，肺是火，但现在不是。

《黄帝内经》认为心最高，心是火，为什么呢？从功能出发，因为心就是君主，人的五脏中，心统领一切，它把心看成离卦，那谁最低呢？肾最低。那么，东边是什么呢？东边就是左边，实际上人体的左边是脾，因为左边震卦，属于春天，春天是升发的，脾不是升发的，脾主运化，就像一个车子的轴一样，起运化、承上启下的作用。肝是主升发的，肝属于春天，所以它把震卦看成肝。兑卦就是右边，按照形态学右边是肝，它认为右边不是肝，而是肺，肺要降。因为西边是秋天，秋天的一切都是下降的，肺气也要下降。如果肺气上升就糟糕了，咳嗽、哮喘等症状都来了，所以肺要下降，《黄帝内经》认为人体的构造是这样的。

八卦：飞上天穹是四象二十八宿

我们再来看看天文与风水。中国古代从功能出发，天文即天上的星辰，也是按照文王八卦来划分的。最早是根据北斗星的斗柄指向来划分的。"斗柄指东，天下皆春；斗柄指西，天下皆秋；斗柄指南，天下皆夏；斗柄指北，天下皆冬。"这是《尚书》里的记载。天上被分为四块，东边是震卦，是主宰。古人认为天上有二十八宿，即二十八主星，这二十八主星分成四个方位。东边的叫青龙，西边的叫白虎，南边的叫朱雀，北边的叫玄武。

依此南边是离卦，离卦是火，火是红颜色的，"朱"也是红颜色的，所以叫朱雀。北边是坎卦，坎卦为水。老子说水"几于道"。水就是道，是黑色的，玄是黑色，所以是玄武；东边是青龙，为什么是青龙？东边震卦，震为木，木为青；西边是兑卦，兑为金，金是什么颜色？白色，所以叫白虎。每一方位有七个宿，最重要的是什么宿？我们中国人通过北斗星辨认方向，北边有七颗星，头一个就是斗星，斗牛女虚危室壁；东边七个宿，即角、亢、氐、房、心、尾、箕；南边为井、鬼、柳、星、张、翼、轸；西边为奎、娄、胃、昴、毕、觜、参，全是按照这个来的。

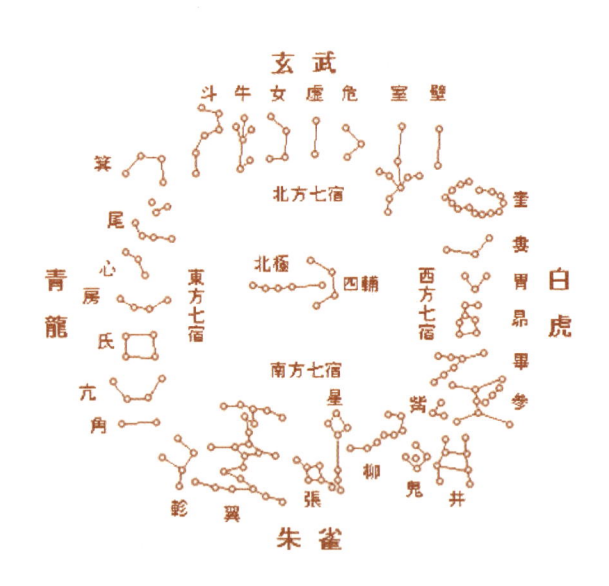

八卦：落到地上是风水堪舆

古代天文分四象、二十八宿，即青龙、白虎、朱雀、玄武，它们是天上的，天上的落在地下，就是所谓的风水。

举个简单的例子。故宫的风水或者说王城的风水，就是按照这个来设计的，北边主水，南边主火。南京是古都，也是按照风水说来设计的，它的南边是朱雀桥；北边为水，所以北边为玄武门；东边是青色的，是青龙山；西边有一个白虎山。风水说就是依据这个模型，巽卦在东南边，属风、属木，所以这里都是与风与木有关的东西，所以说中国的风水学是一门综合的环境艺术的体现。从地理环境来说，中国的东南方大都多风，风和木就是巽卦，比如福建沿海一带。再看西北乾卦，山比较高，因为山里才有矿藏，才为金。中国的东边多震，震为雷，为动，中国近代史上的几次战争，很多爆发于东边。西和西北属金，因为西部及西北部多山，金藏在山里，所以土生金，土就是山。东边是艮卦，也有山，大兴安岭。南边炎热，属火，离卦北边是坎卦，水为冬，冬天就冷；南半球恰恰相反，南半球能看到南十字星，就像十字架一样，北半球则是以北斗星定方向。中国大地则以中原为中央来看八方。这一方式特别重要，尤其是中原一带，这就是中国的地理概貌，所以说风水就是对中国地理环境的综合艺术表现。

八卦：合入时令是春夏秋冬

用文王八卦来表示时间，其运行规律从东边开始，东边是春，南边是夏，西边是秋，北边是冬，春夏秋冬是这么一个运行规律。若从冬开始，那么它不仅可以表示春夏秋冬，还可以表示更多的物候。比如说，中国古代的二十四节气全在这八卦里。二十四节气最重要的是八个节气——立春、立夏、立秋、立冬、春分、秋分、夏至、冬至，震卦是春分，离卦是夏至，兑卦是秋分，坎卦是冬至；再看四个余位，艮卦是立春，巽卦是立夏，坤卦是立秋，乾卦是立冬，这即是时空合一。在文王八卦里，每个卦有三根爻，每个爻都有意思，阴阳二十四节气，一共八个卦，共二十四根爻，除二十四节气外，还有七十二物候。总的来说，这个卦里面就蕴涵了一个时空合一。

除此之外，还有一些内容与八卦相关，如八卦预测，这不是后来的八字预测，姓名预测、奇门遁甲，都是后世的发挥。八卦预测主要是从汉代开始发挥的，我们主要是通过看卦来了解万事万物的规律。因此，我们依据八卦做预测。八卦预测主要有四种，最后一种入静观象法是我总结的，其他三种揲蓍法来自《周易》，纳甲筮法是汉代的，梅花易数是宋代的。

八卦的扩张——十二辟卦

八卦统领着六十四卦，六十四卦象征的是天地氤氲变化的大规律、大周期。在六十四卦里抽出两个卦来，就是乾坤二卦（道家可能是坎离）；如果抽出八个，就是八卦；如果抽出十二个，就是"十二辟卦"。辟，是君王的意思，所以这十二个卦又是六十四卦里的君主卦，代表了自然界时令的春夏秋冬、二十四节气、七十二候等，当然也代表了生命周期。

"十二辟卦"也叫"十二消息卦"，分别代表一年中的十二个月。从复卦开始，阳气上升，为十一月，到了坤卦，又回到十月，这就是阳升阴降、阴升阳降的过程，是一年时气的运行规律，也是一切生命变化的大规律。

十二辟卦与人的生命周期

从《周易》来看，乾坤两卦已把生命周期的法则告诉了我们，这也是十二辟卦的道理，我们可以将它定名为"生命变化的规律"。

第五章 八卦管理

从人类的生命历程来看，自母亲怀孕到婴儿生下来，都属于乾卦，形成完整的生命。开始变化以后，成为天风姤卦，这是从内卦第一爻开始变起，一阴来了，就人生历程来说，这是女性的十四岁，二七一十四。十四岁在女性生理上会有很明显的变化，但男性是以八为一个单元来计算的，是十六岁，男性的特征在十六岁也会发生变化，不过不及女性明显。

现存最早的中国古代第一部医书《黄帝内经》，可称作人类的生命学，其中提到女子十四岁时天癸至。天干中曾经说过，"壬癸水"，癸为阴水。天癸是主管生殖的。女子一般十四岁来月经，月经本身不是"天癸"，只是"天癸"至的外在表现。不过现在有的女孩十二三岁就天癸至了，这也是符合《周易》的道理的。人类越到后来越早结婚，人也越聪明，但生命周期也会越短暂。男性在十六岁以前，生命还是完整的，十六岁以后，男性开始遗精，表明天癸至了。以女性为标准，三七二十一岁，又一阴生长，是天山遁卦，四七二十八岁为天地否卦，这样每七岁为一个阶段，变一个卦，到七七四十九岁以后，进入更年期。男性七八五十六岁为"天癸"竭，八八六十四岁"天癸"尽，一般情况是这样的。现代科学也是这样判定男女的更年期的，处于更年期的人看病要特别小心。知晓了这个法则，对研究医学、生理学、心理学等都有帮助。人的年龄处于某一阶段，会有某一阶段的生理、心理状态及病态反应。

所以，做领导和做管理的人，对于这种生命的法则，应该有所了解。有时候多年的朋友到了五六十岁会变成冤家。其实出现这种情形，是因为两个人都是病态，都生了病，这是受到了生理影响。

河边有一只青蛙，它喜欢在石头上跳来跳去。有一次，一不小心，它迎头撞到了另一只青蛙，这只青蛙怒气勃发，它怨恨对方没避开自己，怨恨自己不小心撞到了对方，于是，它肚子里充满了怒气，而且越鼓越大，突然"砰"的一声，肚皮爆炸了，它也一命呜呼了。

愤怒是人从心理到生理的情绪反映，人在发怒时表现为情绪紧张，在怒气的刺激下，交感神经兴奋，肾上腺素分泌增加，引起一系列身体变化，如肌肉紧张度增加、高毛发竖起、鼻孔开大、横眉张目、咬牙切齿、紧握双拳，进入作战状态。此刻人绷紧了每一根神经，调动

了身体里所有的能量储备,并迸发出比平时大得多的能量。一般来说,青年人好胜逞强,血气方刚,情绪波动大,更易发怒。发怒容易使人失去理智,给我们的身体乃至学习、工作和生活造成危害。

根据《周易》的道理和《黄帝内经》的法则看人的生理,眼睛最容易看出问题。人从四十二三岁开始,眼要老花,所以到了这个年纪如果感到眼睛不舒服、易疲倦,第一赶快去看眼科医生,第二用中医的理论去培养肾经。中医指的肾并不是单纯的肾脏。中医认为,左边的肾属阳,右边的肾属阴,左肾功能管生命,右肾功能管泌尿。中医的肾还包括腺体、荷尔蒙等,所以人到了四十二三岁,要注意培养肾的机能,同时要保养肝脏,否则肝脏会出问题,当然不一定患肝炎,可能脸上某一部分会发青、发黑,表明此人易动肝火易发怒。中医诊断,从人的鼻上发红可以看出胃部发生了问题,甚至可依照《周易》的法则,推断出此人将在哪一年的什么季节出问题。

十二辟卦与企业的生命周期

企业跟人一样,也有自己的生死存亡周期。有关统计表明,美国大约62%的企业寿命不超过5年,只有2%的企业存活达到50年,中小企业平均寿命不到7年,大企业平均寿命不足40年,一般的跨国公司平均寿命为10—12年,世界500强企业平均寿命为40—42年,1000强企业平均寿命为30年。日本企业能生存10年的有18.3%,超过20年的有8.5%,能存续30年的仅为5%。而在中国,以前的国企是只"生"不"死",改革开放以后这个情况发生了改变,中国企业的平均寿命约为7.5岁,中国民营企业的平均寿命只有2.9岁。

总之,企业是有生命周期的,而我们的先辈早就洞悉了生命周而往复的规律,因而有很多关于如何保持和延长生命周期的智慧。

前面已经反复强调过,乾卦就是"元",就是"1",是开始,非常重要。在企业生命周期里,这是开创性阶段。通常说"好的开始是成功的一半",而此时的关键因素是企业家精神,企业家个人的精神气质会影响到他所掌管的企业生命的周期，应该说在某种程度上是具有决定性的影响。企业家的价值系统、个人的人格魅力、气魄的大小等都对企业生命有至关重要的影响。为什么说"富不过三代"？因为开始时的精神不在了，或者那个"1"定得不够好，所以不能长久。

企业生命周期经过几个发展阶段，慢慢变到天地否卦，沟通不够，矛盾开始显露，问题多多，"窝里斗"现象明显，企业经营开始走下坡路了。

企业上下不能沟通，就如同天地不能交接一样，就像君臣上下不能交流，万物生长不会通畅，因为阳在外，阴在内；刚健在外，柔顺在内；君子在外，小人在内。"邦有道，贫且贱焉，耻也；邦无道，富且贵焉，耻也。"（《论语·泰伯》）管理者懂得居危思变，物极必反，否塞必然转为通泰，坚持在困境中求生存，在艰难中谋复兴，在企业发达之时，更应该防止覆亡，这是《周易》泰否两卦给我们的启迪。

那还有别的方法来解决问题吗？有的，道家思想这时候就有用处了，就要"返"，由后天返回到先天，返回到开始的精神状态。从成功走向成熟，是管理上的"无极"。

八卦管理的五大规律

八卦是六十四卦的纲领。《周易》说，八卦定吉凶，吉凶生大业。事业的成功往往需要八卦的智慧，八卦展开就是六十四卦，其中的每一爻，很复杂也很具体，归结起来又是很简单的规律，规律虽然简单，然而要掌握它却又不太容易。

六十四卦里有一些规律，就是在讲六十四卦的吉和凶、每一根爻的吉和凶，这个规律可以总结出五条规律，这五条规律又是递进关系。就是后面的规律比前面的更重要，用来决定吉和凶，这是对六十四卦卦爻辞的通解。

当位不当位

如果当位,一般情况下是吉;失位,一般情况下是凶。其实不看卦爻辞也可以,因为这都是总结出来的规律。当位就叫正,不当位就叫不正。阳爻居阳位,阴爻居阴位,这就叫正,用在管理上很简单,比如用在人力资源管理上,就是把阳性的人放在阳位上,把属木的人放在跟木有关的职位上,这就叫作正,反过来就叫作不正。当然,这仅仅是针对一般情况而言的,正是吉,不正是不吉,但并不是说只要正都是吉,只要不正都是不吉。如果这样的话就不需要卦爻辞了,爻辞比当位或者不当位更重要。在某些情况下,即使正也不吉,不正也会吉。若要既正又吉,就要看中与不中了。

中与不中

中叫得中,不中叫失中。无论阳爻还是阴爻,只要处于中位,就叫中。中位是比卦的第二爻位和第五爻位,就是说无论第二位或者第五位是阳爻还是阴爻,都叫作中。比如说,六二爻是又中又正,那么,若九二爻是根阳爻,就是不正,但是它中,所以九二爻往往也是吉的。只要是守中,无论正还是不正,都没有关系。同理,五爻也是中,九五爻中不中?当然中!六五爻中不中?当然中!那么九五爻正不正?正!六五爻正不正?六五爻是根阴爻,六是阴,正不正?不正!中而不正,往往也是吉的。

所以说,又中又正是最好的,前面第一条和第二条都符合,往往是吉的。当然这也不是绝对的。第一条和第二条都是从位置上来考虑的,那么,能不能说只要正和中就绝对是吉,只要不中不正就是不吉?肯定不能。所以,这个过程是没办法程序化的。如果有的时候是又中又正,却不吉,有的时候不中不正,却是吉,那就要涉及相应与不相应了。

相应不相应

相应就是和,不应就是不相应,不和。什么叫应?就是上下两卦处于相对应的位置，如果一阴一阳就叫作应。具体在一卦里，下卦的一爻和上卦的一爻在位置上相对应，就是一和四相应，二和五相应，三和六相应。相应的位置只要有一个阴和一个阳，无论在下还是在上，就是有应，往往是吉；如果相对的位置都是阳或者都是阴，叫作不应，也叫作不和。

正与不正、中与不中、应与不应的道理非常简单。如果用在管理上，正与不正，就是把阳性的人放在阳性的位置上，阴性的人放在阴性的位置上，阳木放在阳木的位置上，阴木放在阴木的位置上。中与不中，就是要守中道，是一种中道管理，要居中位，不要太过，也不要不及。怎样守中呢？曾任全国政协主席的李瑞环同志曾说过八个字："若要公道，打个颠倒。"这八个字实际上就是孔子"己所不欲，勿施于人"的一种解释。我们要是经常做这种练习的话，绝对能守中道，即把自己经常放在对方的角度来想问题，自己都不想做的事情，你就不要强求别人去做。经常这么想问题，把别人想成自己，把自己想成别人，如此训练，慢慢地就会达到那种"己所不欲，勿施于人"的境界了。冯友兰先生说过一句话，中国哲学都是反的方法、负的方法，西方哲学是正的方法。老子也说过，要经常保持反的方法，你就能持中，即"反者，道之动；弱者，道之用"。那么，相应和不相应用在管理上，就是"和与不和"，当然是指相对应的位置，它是什么意思呢？比如说，我是高层的副主管，或者说是副总裁，我主管的部门是生产部门，那么分管的这个人就要与我和。和就是指要一阴一阳，就是属性要相反。若两个人的属性是相同的，那就麻烦了，你就管不了了。比如，我是太阳的人，那我选的下属最好是太阴的，这样就叫和；如果两人完全一样，那就叫不和。所以，我们在选人用人的时候，可以用这种简单的方法去测试。上面讲的第一条和第二条都是从位置上说的，第三条的"和与不和"是从关系上说的。第一条、第二条实际上讲的是空间，第三条讲的是关系，下面来看第四条。

比与不比

"比与不比"，也就是相承与不相承，这也是从关系上说的，即上下两根爻的关系。大家都知道王勃写的一首诗吧？"海内存知己，天涯若比邻。"

这个"比"是什么意思？"比"就是邻居。在一个卦六根爻当中，一和二是邻居，二和三是邻居，三和四是邻居，四和五是邻居，五和六是邻居。"比"就是相承，"承"就是下面的要承接上面的。如果下面的爻是阴，上面的爻是阳，也就是阴爻承接阳爻，就叫"比"，是一种正常的状态，就是好，往往是吉，这是我们从《周易》卦爻辞里总结出来的。而另一种情况，阳爻在下，阴爻在上，这种关系就叫"不比"，往往是凶。

有了上面这四条法则，是不是就能推算《周易》所有的卦爻辞的吉凶了呢？显然不是，如果真是这样的话，那不就太简单了吗？如果只有这四种情况，用电脑设计一个软件，马上就能算命了。所以，《周易》这套预测吉凶的系统并非那么简单。有的时候，它又中又正，又和又比，可能是凶；不中不正，不和不比，又有可能是吉，若加上最后一条规则，即时与不时，就更周全了。

时与不时

时与不时，时就是趋时，不时就是失时，这是一种时间的思维方法。什么叫时，什么叫不时？不好说，如果知道了时与不时，《周易》的一切都能解释了，就不用看卦爻辞了。《易传》说："夫易，圣人之所以极深而研几也。""几"就是机，就是时机，学习《周易》，就是要研究时机。当然"几"还有一个意思，就是微，即微妙。学习《周易》，要能在细微中抓住时机。因此，《周易》又是和天文联系起来的，这个时机就是我们所说的天时。天时分为四时，若分为五时，就加一个长夏。天时也可分为十二月，二十四节气，七十二物候，当然还可以再细分一些，每一个月又可以分为四个阶段，晦、朔、弦、望，每一天又分为十二个时辰，这里面还可以再细分，这些都属于天时。所以，我们若要预测的话，时间要素特别重要。《周易》里面，周文王作经文时，往往在前四条都解释不通的时候，便会来一条时也，失时也，趋时也，一下子就解释通了。

八卦反映出中国人思维的本质

三种思维，第一是空间思维，第二是关系思维，第三是时间思维。中国人注重的是后面两个，即时间思维和关系思维。而西方人重视的是空间思维。西方的现代科学把空间梳理得非常清楚。

关系思维与人的类型

关系思维用在管理上非常重要，尤其在中国做生意，关系非常微妙，不仅是企业内部各层面的关系，还有人与人之间的关系，更重要的是企业外部的各种关系。中国人在处理关系上还是很有一套的。要想搞好各种关系，可以借助《周易》的智慧，就是要知道对方的五行属性、人格特色。人实际上是可以按照感觉来区分的，这是一种非常快速的方法。人的感觉有五种（第六感就是超感觉了），即视觉、听觉、嗅觉、味觉、触觉。那么，怎么来区分呢？

第一种类型的人，比如一个人有句口头禅"我看到……"，这就是视觉型的人，他的特点是性格直爽。第二种类型的人，他的口头禅是"我听到……"，这种人处理起事情来往往比较慢，是听觉型的。第三是触觉型的人，他们最大的特点是跟你说话的时候，老是喜欢拍你，这种人的性格居中，不快也不慢。

如何跟这三种人搞好关系？若是触觉型的人，比如说他过生日的时候，你给他送一束花，他会说你还不如请我吃一顿呢；如果是听觉型的人，当他过生日的时候，你给他点一首歌，他会特别感动；如果是视觉型的人，给他送一束花，他也会很感动；那触觉型的人呢？你要跟他搞好关系，很简单，他拍你，你拍他，好多人受不了这样做，可这就是他的习惯。

还有两种类型，即味觉型的人和嗅觉型的人，这两种人，不太好区分，我们主要了解前面三种类型就够了。下面有一个例子，我们来区分一下故事中老板的类型。

老板布置了一个任务，让某个员工写一个方案。第二天，他拿方案给老板，老板一看，觉得这个方案写得太差了，就让他重写，明天交过来。结果第二天员工拿过去，老板一看，还是不行，要求再重写。天天重写，一直写到第七天，老板发火了，说："你怎么越写越差？你再重写一遍，明天若再写不好，你就给我回家去。"这个领导肯定不是视觉型的领导，我告诉这名员工："你明天就拿着第一稿去，不要给他看，因为他不是视觉型的，可能是听觉型的。"第二天员工去了，老板说："拿过来我看看。"员工把稿子夹住，说："这样吧，我直接跟您说一说，好不好？"一、二、三、四几个要点，说完之后，老板非常满意，直接要第八稿。实际上员工拿的还是第一稿。

这个故事告诉我们，要搞清楚对方是什么型的人，会起到事半功倍的效果。当然这些都是一些小的细节、小的技巧，仅供参考。

卦中有时位玄机

《周易》是非常讲究时位的，用现在的话来说就是非常重视时空。下面用一个故事来阐释一下《周易》的时位是怎么回事。

北宋五子之一邵雍，即邵康节，是历史上有名的研究《周易》的行家，他是洛阳人。有一天，他在洛河桥头摆了个卦摊。快到中午的时候，一个老农过来问道："早上我出门时，总觉着要有事发生，这不，菜卖完了，我就急急忙忙往回赶。您给我算算是吉是凶？"邵雍

第五章 八卦管理

就让他抽个字卷。老农弯腰拿了一个递给邵雍，说："我斗大的字不识一个，还是请先生您给明示吧。"邵雍一看是一个"筷"字，便抬头对老农说："恭喜您啊，您今日中午必有口福，赶快回家吧，晚了就赶不上了。"老农说："只求平安无事就行，哪敢奢望什么好事！"说完就回家了。老农回到家，他的外甥正在他家，对他说："我已经等了您两个时辰了，见您老是不回来，正打算走呢。今天是我爹六十大寿，他让我请您去喝酒。"老农换了件衣服，高兴地去赴宴了。

老农离开了半个时辰，午时已过，邵雍正要收拾卦摊回家休息，从南边车上跳下一个人，说："先生，请留步。早听说先生神机妙算，有意请您看看我命运如何。今日巧遇，望先生垂教。"邵雍也让他抽个字，他抽了一个，拆开一看也是个"筷"字，他望着邵雍心里七上八下。邵雍慢慢地说："从你这个'筷'字来看，乃是不吉之兆，你今日必遭水淋之灾，望处处小心。"这个人看看天空晴朗，万里无云，便连个"谢"字也没说就上车回家了。一路上快马如飞，直到家门口他才长出一口气，心想：都到家了也没见着一滴水珠，可见邵雍是一派胡言。正想着，却被一盆脏水浇了个正着。原来他老婆不知道他已到家，将一锅刷锅水随意泼出，让匆忙赶回的丈夫恰巧遇上。

当天下午，邵雍刚走到桥头，就见一个人在那儿等着。等邵雍坐稳，那个人就说："老先生，给我看看今天的运气。"邵雍也让他抽取一个字卷，那人不假思索就拿起一个递给邵雍。邵雍一看仍然是个"筷"字，不由得惊叹道："不妙！"那人便催他快说，邵雍说："从这个'筷'字上看，你今天将有关笼之灾，你性情暴躁，不免要招灾惹祸，望你要谨慎行事。"那人说："我待在家里不出门，看还会不会招灾惹祸。"说完便扬长而去。回到家中，他蒙上被子就睡，一会儿便鼾声如雷了。没想到，他被一个妇女骂醒，原来他家的猪糟蹋了那妇女家的菜园子。那人火冒三丈，冲出去便与那妇女对骂，因为笨嘴拙舌他被对方骂急了，伸手就是一拳。那妇女本来就有病，一拳下去，便倒地没气了。不到一个时辰，来了几个衙役就把这个人抓走关进了大牢。

三个人占卦问卜，先后抽取的是同一个"筷"字。同一个字，为什么会占出不同的命运来？这是因为时间不同，时间发生了变化。中午那筷子是用来吃饭的，所以那个老农就有口福了；午时过后，饭已经吃完，筷子要放到水里洗，所以第二个人要遭水淋之灾；筷子用完了，就要装入筷笼，所以第三个人将有入笼之祸。

人们常说：三十年河东，三十年河西。三个人抽取同一个"筷"字问命运，结果大相径庭，这就是时间变化引起空间变迁所导致的结果。《周易》非常重视时空结合，比如，我今天请你吃中午饭，只告诉你时间，没有告诉你空间，即吃饭的地点，你就吃不到饭，这就叫时空结合。世界上没有超空间的时间，也没有超时间的空间，万事万物只有在空、时相结合中才能生生不息地运行。

不同时位有不同策略

《周易》告诉我们两个重点，科学也好，哲学也好，人事也好，做任何事都要注意两件事情，就是"时"与"位"，即时间与空间。我们说《周易》其实基本都在说"时"与"位"这两个问题。很好的东西、很了不起的人才，如果不逢其时，就不会有用武之地。同样的道理，一件东西，即便很坏，如果用得其时，也会有很大的价值。一枚生了锈又弯曲了的铁钉，我们把它夹直，存放在一边，有一天当台风过境半枚铁钉都没有的时候，这枚坏铁钉就会发挥大作用，因为它得其"时"。再有就是得其"位"，如某件东西很名贵，可是放在某一场合可能毫无用处，如同把一个美玉般的花瓶放在垃圾堆里一样，因为位置不对，所以"时""位"最重要。时位恰当，就是得其时、得其位，一切都会恰到好处；相反，如果不得其时、不得其位，那一定不行。老子对孔子说："君子乘时则驾，不得其时，则蓬莱以行。"机会给你了，你就可以有所作为了，时间不属于你，就规规矩矩少吹牛。孟子也说"穷则独善其身，达则兼济天下"，这也是时位的问题，时位不属于你，机会不到，就在那里不要动了，时位属于你时再去行事。

有许多成功人士，有人问他们成功有什么秘诀时，他们总会说，我运气好。其实所谓的运气就是抓住了机会。但机会也需要不断地创造，并加以充分利用，想到了便立即行动，以赢得最佳发展时机。

马克思在创办《新莱茵报》时，生活相当拮据。当时远在曼彻斯特的恩格斯经常接济他。

后来，马克思的一位老朋友去世了，他把一生积攒的钱全部送给了马克思。

当时，正值市场股票大涨，具有丰富经济学知识的马克思发现赚钱的机会来了，在他的催促下，恩格斯很快办完了马克思的老朋友的遗产移交手续。马克思接到这笔钱后，很快便把这笔钱投入交易所，赚到了一笔巨资。

八卦管理贵"变"

八卦最可贵的地方在于"变"，所以八卦五行始终处于变这个层面，即要能随机应变。这个变分为几种，有因时而变，有因势而变，有因地而变，有因人而变。也许有人会问，我怎么知道它的时、它的势、它的地、它的人，有什么方法吗？实际上，因时、势、地、人而变，首先你要了解时、势、地、人，否则，你不知道会怎么变。用五行八卦的方法，即把时看成五行八卦；把势也看成五行八卦，《孙子兵法》说势有奇正，奇正就是阴阳，就是五行八卦；把地看成五行八卦，任何一块地，哪怕是最小的地方也可以分五行八卦，是后天八卦，是文王八卦；人也可以分五行八卦，然后我们跟着五行八卦来变。就阴阳而言，只有两种变法，阳变阴，阴变阳；如果说五行，你要考虑到，如果他属木，我属金，这个时候是我克制着他，但是，我现在要求他为我办事，我就要做出改变。他是木，我本来是金，就要用水的办法来适应他,我就要具有水的属性,但你若说我怎么知道哪些是金,哪些是水?那就要具体问题具体分析了。

既然要变,那你要知道时、势、地和人,就这几个要素,万变不离其宗,宗是什么?就是道,道具体是什么呢?在一二五八零里面,就是太极,就是一和零。太极属于后天,无极属于先天,这个分法在历史上是有争议的,儒家和道家在这个问题上的看法是不一样的,儒家崇尚太极,道家崇尚无极。

八卦的管理技巧

乾卦和坤卦的内容在"两仪管理"中已说过了,这里主要说其他六个卦。

首先,六个卦分别代表着管理的不同方面。坎卦:强调管理者要懂得因时制宜的道理,既有风险意识,又要有不怕艰辛的精神,还要有谋略,遵循这一治险原则方可化险为夷。离卦:强调管理者要有光明磊落的人格、阳刚果断的气魄、蓬蓬勃勃的生气,并把自己的能力和智慧紧紧地依附于人民身上,则能无往而不胜。震卦:告诉管理者戒惧慎重,自我反省,进德修业,才能吉利。艮卦:说的是管理者保持内心宁静的重要性。内心保持安静,行事必然理智、冷静,能适可而止,当止则止,当行则行,强调的是说话中肯,条理分明,言语谨慎。巽卦:告诉管理者在决策时要讲究科学,要进行各方面论证,决策要果断。兑卦:强调高明的管理者应具有外柔内刚的品格,应天顺人,才能使人真正悦服,凡事以员工喜悦为先,员工就会坚定地跟着你走。

其次,六个卦也象征着不同的形象。兑:消费利益形象的象征。兑,为泽,为喜悦,消费者对所享用的产品非常满意,喜悦的来源就是消费者利益的维护。离:企业发展形象的象征,离,为火,为光明美丽,企业蒸蒸日上的发展前景犹如旭日东升的太阳,给人以温暖和希望。震:企业规模形象的象征。震,为雷,为声势浩大,企业规模的不断扩大正像隆隆雷声震撼万里,势不可挡。巽:工作效率形象的象征。巽,为风,风驰电掣,高效率的工作节奏像风一样迅速。坎:改革开拓形象的象征。坎,为水,为危险,是一种开拓意识的象征。艮:企业标志形象的象征。艮,为山,挺拔显眼,具有独特风格的企业标志,它标志着企业的稳定性,像山一样绵亘不动。

八卦还象征发展阶段。"帝出乎震",是说万物生长起始于震,象征创新开拓阶段、起始阶段、先期论证工作、新产品开发设计等,和东方、春季等相对应。"齐乎巽",是说万物在"巽"这个时位达到畅生整齐,巽主迅速、主进退,代表发展阶段、情报调研工作、新技术研制推广,和东南、春夏交接相对应。"相见乎离",是说万物生长旺盛呈现于离这个阶段,离主光明、主华丽,代表企业初具规模阶段、广告宣传工作、调度及办公室管理,和南方、夏季等相对应。"致役乎坤",是说万物茁壮成长于坤,坤主静止、主众多,代表企业规模壮大阶段、经营管理工作、大规模生产开发,和西南、夏秋交替等相对应。"说言乎兑",是说在兑的时位万物长成,收获喜悦,兑主收获、主喜悦,代表利润回收阶段、计划财务工作、合同契约管理,和西方、秋季等相对应。"战于乾",是说万物归藏,发生阴阳交合沟通是乾,乾主运动、主竞争,象征开设分公司或兼并同行业公司阶段、竞争策划工作、投资决策管理,和西北、秋冬交接等相对应。"劳乎坎",是说万物劳倦静止休息,坎主危机、主劳苦,象征维护休养阶段、纪检审计工作、法律规章管理,和北方、冬季等相对应。"成言乎艮",是说万物前功已就、后功复萌而始于艮,艮主终止、主变革,象征变革阶段、政策研究工作、改革规划管理,和东北、冬春交替等相对应。

而先天八卦的论述又可以象征八种不同的关系。"天地定位",指天地设定上下配合的位置。企业群体人才结构也要做到"天地定位"。"天地定位"可以象征多层面的上下关系,实际情况很复杂,企业都应该找到象征刚柔、寡众、官民等的对应关系,使它们处于"天地定位"状态。"山泽通气",山高为显,对应企业中的当位人才;泽深为隐,对应企业中的隐位人才,现在隐位人才是越来越重要了,如何选择使用隐位人才则更重要,这一点务必要引起高层管理者的足够重视,显位人才和隐位人才要流通、要沟通。"雷风相薄",雷,声势浩大,与企业中的显人才对应。风,无形无影,需借助他物表明自己的存在，但无孔不入，与企业中的潜人才对应。要处理好显人才和潜人才的辩证关系，他们是相互彰显的，而不是分离的。"水火不相射"，实际上水火相射，火，升腾直上，与企业中那些知识面较窄的单科专业人才对应；水，在地面平行流动，与企业中的那些知识面较宽的综合型人才对应。这两种人才要各司其职，达到很好的沟通才行，不要出现矛盾，从而使企业停滞不前。

作为企业的管理者，要既能在逆境中带领大家同舟共济，共渡难关，又能在巅峰后居安思危，尽享盛世，做到独善其身和兼善天下的完美统一。

八卦的重叠——六十四卦

六十四卦周期变化规律

八卦与八卦叠加形成六十四卦。六十四卦看起来复杂，实际上非常简单，它揭示的是事物阴阳消长、相互转化的周期变化规律，是一个一个的意象。

六十四卦卦序歌

乾坤屯蒙需讼师，比小畜兮履泰否，
同人大有谦豫随，蛊临观兮噬嗑贲，
剥复无妄大畜颐，大过坎离三十备。
咸恒遁兮及大壮，晋与明夷家人睽，
蹇解损益夬姤萃，升困井革鼎震继，
艮渐归妹丰旅巽，兑涣节兮中孚至，
小过既济兼未济，是为下经三十四。

第一卦乾卦代表天，第二卦坤卦代表地，第三卦屯卦代表天地交合产生万物时的情况，表示即将有大事情发生，也表示小孩刚出生，或企业刚刚开创时比较艰难，这些说的都是意象。

六十四卦的卦序也并非随意安排的，它有着内在的象数规律和深刻的哲学意义。序卦表面上揭示的是诸卦前后相承的关系，而内在则蕴含了《周易》哲学思想的精髓。卦序是《周易》的整体骨架，而每一卦及各爻则是其局部组织。

譬如第四卦蒙卦，表示蒙昧、不懂事。因为蒙昧，所以要启蒙，因而此卦象上面是山，下面是水，山下有水叫泉水，泉水的特征是细微的、缓慢的、清澈的，这就告诉我们，启蒙教育要像潺潺泉水一样。启蒙以后就懂事了，就进入了第五卦需卦。需卦表等待，是饮食之道，然后是讼卦、师卦、比卦、小畜卦，小小的积蓄之后还要继续去实践，就是履卦。继续去努力，就是泰卦，六十三卦既济卦表示一个过程已经结束，但六十四卦

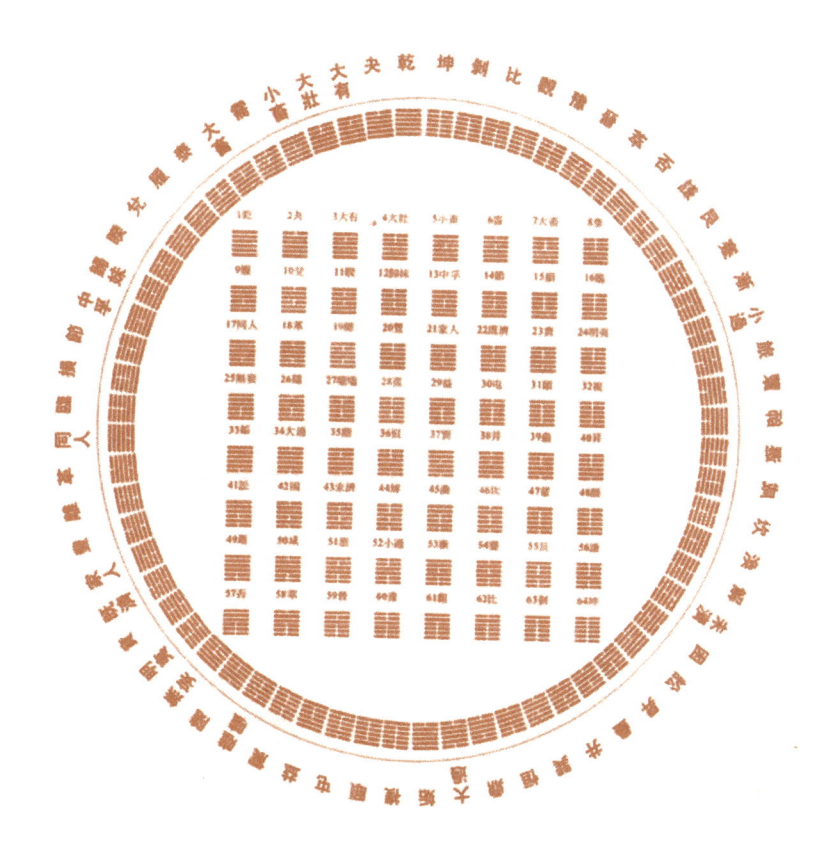

未济卦又表示还没有结束，恰好是第二个过程的开始，六十四卦就这样相继产生。每一卦都是整个过程中的一个阶段、一个场景。每一个场景对应着万事万物的发生、发展、高潮、衰落、消亡以及再生，于是周而复始。《周易》讲的就是这样一个周期变化规律。

乾卦说的是在创业初期要终日乾乾，自强不息，经过六十三卦的奋斗、发展，进入了大功告成的既济境界，此时，仍需毫不懈怠，刚健强劲，因为天的运行并未停止，既济只是人生的驿站，而不是终极，又将进入"天行健，君子以自强不息"的未济时代。

六十四卦与人生定位

人生也有周期变化规律。人处在人生的哪一个阶段，都可以在六十四卦中找到定位，企业发展到哪一个阶段，也可以从六十四卦中找到定位。周易的"卦""爻""辞"就是解释这个定位符号的，里面蕴藏着许多智慧。人生的每一个阶段都可由六根爻组成，每一根爻又代表了人生的各个阶段。

人们常用《周易》来预测吉凶，单纯一根爻并不代表吉或凶，还要结合所处的环境综合进行分析。以乾卦为例，第五根爻表示大吉大利，但它的爻辞是"飞龙在天，利见大人"。意思是胸怀大志的人，成功的欲望很高，做事犹如蛟龙腾飞，所向披靡，这种做事气势，宜遇开明的当政者，言外之意是不利见小人，所以同样表示不吉利。易学不仅告诉我们吉凶，还告诉我们怎样趋吉避凶。因此，《周易》不仅是预测学，还是行为学。

预测与决策是人生处理一切大事自觉或不自觉的行为，也是管理的两个重要组成部分。《周易》揭示的是宇宙变化的大规律，是人生知变应变的大法则，因而易学包含了预测与决策的大智慧，《周易》是中华民族的第一部经典，是中华文化的智慧源头。

第六章

无极管理

无极，是管理的境界。通过太极而无极，是管理的过程。

境界的提升——从 0 到 1 再到 0

无极，实际上就是零，一二五八零，最后回到零。讲无极和太极的时候，有很多人问我，你怎么看导演陈凯歌的《无极》。实际上他说的是一个轮回的问题。他用血馒头引起的悲剧故事来说明一个道理、说明一个轮回，实际上是一个终极的问题。所以，我们做管理的，最终极的即最根本的东西，用《周易》的话来说就是无极，这是管理的最高境界，因为终极目标就是初始的一个原因，就是一个源，这个源的终结端恰是下一个目标的开始。

无极是管理的最高境界，管理的最高境界就是不管理，形成自动自发。就像中医讲的辨证论治，中医的最高境界就是不辩证。四川成都宝光寺有一副对联，是这么说的，"世外人法无定法，然后知非法法也；天下事了犹未了，何妨以不了了之"，这就是一种无极心态，是太极的管理。世外人指世外高人，就是一些高智慧、超常的人，也就是我们说的有第六感觉的人。法无定法，就是太极，就是无极。没有定法然后是非法法也，这个法是个度，因为最终极的是没有法，但是它是从有法当中来的，这就是前面讲过的禅宗说的人生的三个境界。

禅宗讲的人生三个境界：参禅以前，见山是山见水是水；参禅的时候，见山不是山见水不是水；参禅以后，见山还是山见水还是水。在这三个层面中，后面一个是无极，前面一个参禅以前见山是山见水是水，和参禅以后见山还是山见水还是水，两个一样，就构成了一个圆，都属于无极，中间是一种否定，是太极。所以，相对来说，最本源的东西，如果把它当成无极，头尾都是无极。中间见山不是山见水不是水，就是太极。也就是说，从零再到零，前面是零，中间是一，把它否定了，最后又是零。但是，这两个零又不完全一样，其实它的本原是一样的。比如，我们小时候对山的认识，与你悟了或者说登了这座山后的感觉肯定不一样，在水中游泳和站在游泳池边看水的感觉肯定也不一样。最后，当你又从体悟中跳出来，再看它，那又是一番情景。

我们就说水。比如长江，你下去游泳，之后再上来，再看长江，这时的感觉跟一开始的感觉肯定不太一样。其实长江还是那个长江，它本身没有变，因此这两个零，即从零到一再到零，从无极到太极最后又回到无极，是不一样的。这个零是带有主观的零，经过一次反动，经过一次否定，才能达到最高境界，然后又归零了。所以说，人要不断归零，提升自身，那就会潜力无限。人的潜力有百分之九十五没有被开发出来，要通过归零的方法加以开发。只有这种方法，这是东方人的智慧，才能使潜力得以释放。西方人也有一些方法，比如说通过触觉、视觉、听觉来开发右脑。法在这里属于太极，无定法属于无极。所以，我们学《周易》只有一种方法，就六个字："死进去，活出来。"必须要先死进去，什么都要知道，才能活出来。没死进去，不经过否定，就活不出来。

天下事了犹未了，了就是完了，但不是没有了。这就是佛家的大智慧。佛家说一个东西，比如说这个杯子，是杯子，又不是个杯子，叫非是非非是，此境界就叫无极。中医看病不辨证论治，才叫高人。如果扁鹊还要辨证论治，就不神奇了，但是他前期必须要经过辨证论治的过程。所以说，要达到见山还是山见水还是水的阶段，必须经过见山不是山见水不是水这个过程，否则，绝对达不到这么高的水平。

"0"的管理

"0"的管理就是无极管理，比如说，无私无欲、无为而治、不战而胜等，都属于无极管理。无为而治是典型的无极管理，无私无欲偏向于儒家，无为而治偏向于道家，不战而胜是兵家，最后达到太和的境界，那是易家。

自然无为

对于"自然无为",老子用"治大国若烹小鲜"来概括。如果说杰克·韦尔奇的一句话值一百万美金,那么老子"治大国若烹小鲜"这句话就是无价之宝了。

据说杰克·韦尔奇来中国做了一场演讲,演讲费是一百万美金。实际上总结起来,那天他可能只说了一句话,即"做企业就是做游戏",这句话揭示了一个道理:第一,做游戏是要赢;第二,做游戏要有游戏规则,所以做企业也要遵循一定的规则;第三,做游戏是为了获得快乐,做企业也一样。

"烹小鲜"更是治理国家、治理企业的法则之一。

应该怎样来烹饪这条小鱼?如果用一个平底锅翻来翻去,这条鱼早就煎烂了。这是非常鲜美又很嫩的一条小鱼,第一,不能随便去翻;第二,要用文火;第三,要少放调料,它本身就非常鲜美,要少放佐料,最好保持原汁原味;第四,还要考虑时间因素,小鱼存放的时间绝对不能长,否则不新鲜了,也就是说要抓住机会。经营企业、治理国家至少要掌握这四条原则。

治理企业同样如此,第一,不要随便地去翻动它,比如制定政策,不要朝令夕改,否则就会没有效果;第二,要潜移默化地教化,不要有太大的动静;第三,要顺其自然,符合天道、地道的大规律;第四,要抓住机会,因为机遇稍纵即逝,要当断则断。如果"当断不断",则"反受其乱"。"治大国若烹小鲜"实际上是一种"自然无为"的管理法则。

"自然无为"是要符合自然,不要违背自然。"无为"是指不要乱为,这是老子的一个策略。老子强调的是"无",这是坤卦的管理法则引申出来的自然无为。《周易·系辞传》说:易是"无思也,无为也,寂然不动,感而遂通天下之故"。首先要无思无为,然后才能感知天下,这是一个出发点。"凿户牖以为室,当其无,有室之用。"(《道德经》)在老子看来,"有"和"无"之间,"无"更重要。只有"无",才能体现出"有"的作用,所以"无为"是为了"有为"。老子又曰"无为而无不为",表达了一种高超的管理策略,只要符合这个正道,符合自然天理,就会无所不为。

无私无欲

无私无欲，儒家、道家都在说。中国人中曾流传着这么一句话，就是"富不过三代"。美国人未必知道这句话，但是他们在努力避免这种情况。典型的例子就是洛克菲勒，他让自己的孙子去打工赚零花钱，这就是一个否定，经过否定能使事物发展到一个新的高度，能使人不断走向成熟。

林则徐曾写过一副对联："海纳百川，有容乃大；壁立千仞，无欲则刚。"什么叫无欲则刚？我认为这个欲就叫私欲，人都是有欲的，动物也有欲，七情六欲，这是人之常情。私欲就是过分的欲望，欲望一般是对自己而言的，是自我的需要，那是人的本能，谁都有。许多人都说儒家的理学是存天理、灭人欲。宋明理学的发祥地在徽州，所以又叫新安理学。

徽州有好多牌坊群，大家即使没有去过，在电影、电视里也应该看过，比如电视剧《红楼梦》里的牌坊群就是在徽州拍的。所以好多人都说当时徽州的习俗就是存天理、灭人欲，把人欲都给灭了，所以才立起那些牌坊。这里主要有忠、孝、节、义四种牌坊，其中贞节牌坊最多，就是女人的丈夫死了，不能改嫁，要守节，就给她立一个牌坊，所以理学说饿死事小，失节事大。但是对存天理、灭人欲这句话，人们是有误解的，实际上它灭的是私欲，过分的私欲，不是正常的欲望，所以没有过分的私欲，人肯定就刚了，无欲肯定就刚。举一个例子，比如有些男人一见女人就会脸红，刚不起来。而父亲见女儿永远不会脸红，因为没有欲，所以这个欲是指过分的私欲。

《论语》上说："子绝四：毋意，毋必，毋固，毋我。""子"是孔子。"毋意"，"毋"通"勿"，就是不要的意思。"意"即"臆"，不要"臆"，就是不要主观臆断。"毋必"，就是不要必，这个"必"是那些僵化的东西，指必定、不会变通，"毋必"就是不要僵化。"毋固"，就是不要执着。"毋我"，就是不要有私我，不要只想着一己之私。儒家这么说，道家也这么说，前面庄子说的要无绩无功无名，还有佛家说的三法印。法印，是一种大印，是一种最高的原则，是必须要去遵守的，是"诸法无我，诸行无常，涅槃寂静"。"诸法无我"，各种法里面不要守一个"我"。这个"我"是指一种有形的实体，诸种法都是无形的，不是有形的。"诸行无常"，是指各种行为、各种现象都没有常规,没有常定的东西。其实这与《周易》的三易完全吻合,就是变易,万事万物都在变。西方哲学家赫拉克利特说过这样一句话,人不能两次踏进同一条河流,就是诸行无常。第二次踏进去的已经不是第一次踏进去的那条河了。因为水已经变了,万事万物时刻都在变,没有不变的。涅槃寂静,相当于《周易》三易的不变、不易,最后回归无极。古人云:"静坐常思己过,闲谈莫论人非。"这就是无私无欲具体的做法。

无为而治

无为而治是老子的大智慧。想要对方垮掉,先要让对方坚强;越想从别人手里得到这个东西,就越要先给别人这个东西,即"将欲弱之,必先强之;将欲夺之,必先予之"。这是一种大智慧,只有这样才能达到无极。无为而治,无为就是不要做,不要做反而能治国、治天下,无为是为了有为。无为而治是老子的话,也是《周易》里的话。《周易》的原话是"《易》,无私也,无为也,寂然不动,感而遂通天下之故"。这个"易"字,就是一种无私无为,所以这句话有两个意思,一个是《易》的本身就是无私无为,二是我们学《周易》也要无私无为。在管理上,治大国若烹小鲜就是无为而治的具体体现。

不战而胜

"不战而胜",是《孙子兵法》上说的。很多人认为《孙子兵法》对战略管理有着极大的作用,这是对的,但前提是你要把它搞清楚,而学《易》就能把它串起来。《孙子兵法》实际上吸取的是道家的思想,法家也是从道家衍生出来的。司马迁的《史记》三十世家、七十列传中有一个《老子韩非列传》,老子、庄子、申子、韩非子……兵家是从道家里面来的,法家也是从道家衍生来的,这都是道家的智慧,都是《周易》阴阳里阴的一种发挥,所以阴谋太厉害了,伟大的阴谋家——老子先生。《孙子兵法》中有一篇叫《谋攻》,说:"是故百战百胜,非善之善者也。不战而屈人之兵,善之善者也。"不战,即不去打,却能使对方来投降,这才是最高明的。不战而胜跟无为而治一样,是对无为而治的一种具体应用。不战而胜,这种文化有多大的力量!不战而胜要攻心。《孙子兵法》说"故知胜有五",即知道打胜仗的要点有五条,这五条中,"知可以战与不可以战者胜""上下同欲者胜"很重要,上下同欲就是上下同心。所以,国学管理的核心是管心,用心来管。

国学管理是一种心智管理,说心智管理可能还不够全面。把心分为三个层面,第一个层面叫心态,第二个层面叫心智,第三个层面叫心灵。国学管理就是这三个层面的管理。要通过修心才能达到不战而胜。所以我们一定要用"不战而胜"的智慧,或者说只有用这种智慧,才能取得最终的胜利。不是通过双手去战,而是通过心去征服,所以最终的管理是文化管人。管理分三个阶段,第一个阶段是人管人,这肯定是不行的,人治的那个时代已经过去了。第二个阶段是制度管人,现在很多企业还停留在这个阶段。第三个阶段是文化管人。

制度管人是阳性的、硬性的管理方式,文化管人是阴性的、软性的管理方式。

在老子看来,阴胜于阳,就是文化管理胜于制度管理。制度管理很重要,但属于阳性的制度管理是比较简单的,而阴性的文化管理才是有难度的,最有力量的恰恰是阴性的东西,包括文化管理、道德教化。正如老子所说"重为轻根"。

用政令、刑法这种强硬的方法治国,老百姓倒是不敢犯罪,但是无耻,即不会产生羞耻感。举个例子,比如某个人吐了一口痰,被罚了500元钱,他当然不敢再吐了。可是他心里不服气,他会非常恨你,在没人的时候,他就会多吐几口,这就叫"民免而无耻"。如果用德和礼——道德规范、阴性管理方式,老百姓不仅不会去犯罪,而且还会有羞耻感,这样的天下才会真正安宁。

现代人治理企业,往往会觉得这个企业是我打拼出来的,当然是属于我的,我可以按照自己的想法改变它、支配它。这和古代一些帝王的想法是一样的,以为这个国家是我打下来的,当然应该"家天下",我可以随意控制它。自古以来有多少暴政、暴君,结果怎么样?"万里长城今犹在,不见当年秦始皇。"有哪一个朝代能够永世长存?

也许你会说，我创建的这个企业和那些强行夺取来的国家不同，我是打拼出来的，没有去偷去抢，我为什么不能掌控它？虽然如此，但你一定要明白，企业也是一个"神器"，同样是脆弱的，你创建的不等于就是你的，这叫"生而不有"。你想一想，办一个企业一开始有多少你的家人、你的朋友、你的合作伙伴在支持你、帮助你，后来有你的副手、你的下级、你的员工在为你管理、为你这个企业工作，所以一个企业绝对不是一两个人的。

你也许会说，我知道这个道理，但照老子"无为"的意思，难道我就不管不问、任由我的企业自生自灭吗？这可不是老子"无为"的真正意思，老子只是说不要违背自然规律地去支配它，也就是说不要违背生态平衡规律、市场规律，不要违背员工、消费者的本性和最基本的利益，而不是说要在家睡大觉，什么事也不干。

老子提出"三去"：去甚、去奢、去泰。汉代河上公本解释"甚"是指贪淫之声，"奢"是指服饰饮食，"泰"是指宫室台榭。这样一一对应，可能过于机械了，他的本意是指日常生活、为人谋事的各个方面太过度了、太极端了，违背自然常态了，就一定要摒弃掉，要恢复到自然清静的本来状态中去。

无模式与无边界

无模式管理也叫无边界整合，是杰克·韦尔奇提出来的，他所有的思维都是形思维，既然是形，它就有边界了，象才叫无边界。所以老子说大象无形，大音希声，大巧若拙，大成若缺。说到万寿无疆，万寿就是基业长青；无疆，疆下面有个土，就是无边界。中国国学的精神有几千年了，这就可以解释为什么中华文明是世界上唯一一个没有中断过的文明。我们的太极图中间没有一下子割裂，是无疆的。还有就是无模式管理，我把它叫作中国式管理，将中国式管理简单地理解为一种模式，这不符合《周易》。《周易》就是要变，要变得无模式，无模式体现了顺势，顺势即无模式。

"0"的经营艺术——贵在道

最高管理者不要事无巨细、面面俱到，要善于放权，只考虑战略问题，不要太多考虑战术问题。

"道"是一种无形的文化理念，是一种管理哲学。只要学会《周易》管理哲学，掌握《周易》大智慧，就能够不战而胜，无为而治。

零的管理意识，就是在得道，零就是道。《道德经》第十七章说："太上，不知有之。其次，亲而誉之。其次，畏之。其次，侮之。"

将老子的思想用于管理，可以将管理者分为四个层次。老子说："反者，道之动；弱者，道之用。天下万物生于有，有生于无。"这完全是反着来。"高下相倾，音声相合，长短相形。"最高层次叫不知有之，就是员工不知道老板的思维。不知有之，这才是最高等级。第二等叫亲而誉之，就是都亲近你、赞美你。第三等是畏之，员工都怕你。最后一等叫侮之，所有的员工都骂你，这最不好。

"0"的管理境界——终极境界

管理境界的分层

对于企业来说，群龙无首的局面才是最高层次、最高境界。儒家追求在"理"上达到"天人合一"，道教也讲究"天人合一"。

第六章　无极管理

老子给统治者、给做领导的划分了四个层次：第一等，"太上"，是老百姓不知道有这个领导。如果问企业的员工："你们的老板是谁？"他们回答："不知道。"那要恭喜这个企业的管理者，他已经是"太上"了，已经达到最高境界了。

这是说不是你这个人在管理，而是自然之"道"在管理，是你的文化、你的思想在管理。所以，员工都不知道有你这个领导，只知道有你那些符合自然之道的思想。这多厉害！这说明肯定不是你亲手在管理，而是无为而治，是在按自然法则管理、按人的本性管理。

我经常和企业家开玩笑："你的任务就是和我到山上喝茶去。"如果你的员工能在离开你的时候，仍然在快乐地、自觉地工作，仍然充分地发挥自己的潜能，那才是真正的"不知有之"，真正的无为而治，是真正的自然无为。"自然"不是指大自然，而是本然的意思，自然就是本然、本来的样子。无为而治就是按照事物的本质、按照人的本性进行管理。

第二等，"亲而誉之"。下面的员工亲近你，并且赞美你，这只能算是第二等。有人说大家都亲近你，赞美你，都说你好，还不是第一等吗？老子却说："不是！这是第二等。"因为你还不是无为而治，还是有为而治，因为大家都还知道你啊！

第三等，"畏之"。所有的员工都怕你。我在一次讲课中，遇到了一位老板，有五十来岁了，他的管理方式特别严格，他去厕所都会顺手在边边角角摸一下，一看到脏的地方，马上进行处罚。制度化的管理做得非常好，所以他们那个企业管理得井井有条。可是企业的员工都怕他。这样的领导在老子看来属于第三等。

往下数就是第四等了，叫"侮之"，大家都侮辱你，都骂你，不用说这样的领导肯定是最差劲的，最不成功的。

就企业而言，最高层次就是员工不知道管理者的存在。高明的领导会给员工创造一种氛围，让部下不知道自己的存在。在这种条件下，员工可以尽情发挥才能。所以，最高的管理境界是不管理，是无为而治、不战而胜。因此，学会授权是企业领导者必须具备的基本素质。因为任何一个领导都无力掌控所有事情，也无法制定全部决策。当你试图控制所有事情的时候，往往会效率低下，还会造成混乱。因此，管理者最好能让下属自己去执行，因为他们可能比你更加了解情况。正确而且有效的授权不但不会削弱领导者的权力和地位，还能够使下属创造出更科学、更出色的经营绩效。只要保持沟通，协调好各方关系，采用类似"关键会议制度""书面汇报制度""管理者述职"等手段，失控的可能性很小。

"0"的管理境界叫太和

"太和"是一种和谐、统一、兼容的自然境界、社会境界、政治境界，也是管理者所追求的目标。

管理者在管理与被管理、劳与资、上与下等矛盾激化时，要尽量克己安人、多行退守、和平相处，要善于运用离合、异同法则，异中求同，离中求合。在正邪之间也要采取宽大包容的态度，化异己力量为同己力量。

前面已经分别讲过了阳性管理和阴性管理法则，各有五条，当然，最后是要阴阳合和。

达到太和的境界，是《周易》的思想。韩国的国旗用《周易》中的四卦作为标志，现代公司更以"和为贵"作为他们的"厂训"，而日本人以"大和民族"自居，这些都显示出了"太和"的要义，它启发人们在经营管理中，应在立足于和谐的基础上，对外依形势不断地进行调整，根据具体情况，或"时"而顺之，或"时"而制之，达到"太和"的管理境界。

《周易》说："保合太和，乃利贞。首出庶物，万国咸宁。"意思是说，要像天道那样，保持着和谐的景象，按照自身的规律运行，生长出万物，使人类具备赖以生存的物质资料，使万国皆安宁。

"太和"是最高的和谐，包括人与自然之间、人与人之间、人与企业之间、企业与企业之间、企业与社会之间的和谐。保合太和，是通过人的主观努力，加以保合之功，不断地进行控制和调整，使企业长久发展，这才是管理最和谐的状态。

何为和谐企业？

"和"的思想在当今中国经济建设和企业发展中有着十分重要的指导意义。进入21世纪以来，中国的改革和发展进入了一个新阶段。一方面中国经济持续快速增长，经济总量达到了相当规模；另一方面还存在不少不和谐因素，如，经济与社会、人与资源环境的矛盾也随之凸现，高收入与低收入、城市与农村、东部与中西部的不均衡已经到了相当程度。就企业而言，外部制度环境的问题和内部管理机制的问题日益严重，成为制约企业发展的瓶颈。在制度环境方面，国企与民企、真民企与假民企、有官场背景的民企与无官场背景的民企地位的不平等，表现在市场准入机会、获取社会资源渠道、融资渠道等方方面面上；在内部管理方面，管理结构、管理机制不健全，造成信任危机，这一点在以血缘、地缘和人缘为基础的企业，尤其是家族企业内部，表现得更加突出。

发展经济政策是好的，但相关的配套改革要跟得上才行，诸如法律法规、教育文化、社会福利等，如果上述这些变革缓慢，势必会形成经济发展的障碍。这就如同鱼缸里养鱼一样，如果不具备养鱼的基本条件，恐怕再好的鱼也养不活。因此，构建和谐企业，加快机制、体制改革，在当代社会显得更加必要和紧迫。

那么，什么才是"和谐企业"？从国学"和"文化视域看，"和"是多层面的，可以分为内在、外在、内外关系三个层面。就一个人而言，内在指五脏六腑要"和"、身与心要"和"；外在指社会环境要"和"、自然环境要"和"；内外关系指人与人要"和"、人与自然要"和"。

就一个企业而言，也应该做到这三个层面的"和"。

从企业内部看，企业领导与领导之间、领导与员工之间、员工与员工之间、企业内部各部门之间、领导及员工与企业之间都要和谐。从企业外部来看，要有一个和谐的社会环境、制度环境。从企业的内外部关系看，企业与企业之间、企业与上级领导部门、企业与社会、企业与自然环境，都要有一种和谐的关系。只有达到这三个层面的"和"，才是"太和"，才能称得上和谐企业。

如何构建和谐企业？

怎样构建和谐企业，不仅是企业本身的问题，也是整个社会的问题。近年来，社会各界对这一问题进行了深入广泛的探讨。不少专家提出了构建和谐企业的措施：完善企业治理结构，提高企业运营透明度和社会信任度；建立和谐的劳动关系，让员工和企业一起成功；发展循环经济，创建和谐的绿色企业。这些措施无疑都是必需的，然而最关键、最核心的问题还应该从企业的价值观入手。

作为企业管理者，要经常思考我们的事业是什么这个决定企业成败的重要问题，顾客购买的究竟是什么？从市场潜力和趋势、竞争对手和创新能力，以及消费者的满意度等方面思考企业未来的发展方向，完善企业功能的自检系统。

从本质上说，"和谐"不仅是一项管理准则，还是一种伦理道德，是一种价值观念。企业价值观不仅是企业文化的核心，还是企业管理、企业生存发展的核心。企业的价值观包括企业的基本信念、终极目标、价值取向、价值信仰、共同愿景、思维方式和行为准则。

企业的价值观说到底就是人的价值观，因而和谐企业的关键是人的和谐。孟子早就指出："天时不如地利，地利不如人和。"的确，社会要稳定、企业要发展，都必须以人为本，注重人的和谐。

中国优秀的传统文化——国学精华，是和谐企业建设的先导，是企业文化建设的基础。国学中"和实生物""和而不同""和为贵"的价值观应当成为企业的基本信念和终极目标。

企业内部、外部以及内部和外部的各种矛盾的根源，从根本上讲是缺乏建立在统一的价值观基础上的企业文化。企业文化是企业的灵魂。不能把企业文化简单地看成标语口号，实际上它是企业所有员工的精神信仰和行为准则。

中国的企业面临的最大危机正是信仰的危机。中国企业应当具备什么信仰？当然应该是国学的精华——"太和"的价值观。要达到"太和"的最终目标，需要采用"调和""中和""平和""合和""保和"的手段。简单地说，就是要做到儒家的"五德"——仁、义、礼、智、信。其中"仁"是出发点，"信"是道德底线。这是上到企业最高领导，下到企业每一位员工都需要遵守的。这种遵守不应该是强迫的，而应该是自发的、自觉的，这就需要将之引入每一个人的潜意识之中。

具体来说，在企业内部，企业领导班子应该公正、公平、公开、团结、民主、协作、廉洁、具有战斗力；领导和员工之间要互相沟通、互相支持、互相理解、互相帮助；员工和员工之间要平等友爱、团结互助、谦让理智、诚实守信、融洽相处；各个部门之间要团结协作、互相支持，从而形成仁爱、正义、礼让、理智、诚信的"五德"氛围，缓和乃至消解各种人际矛盾，在共同的价值观基础上建立一套大家普遍认同的管理制度、管理机制，使企业真正成为和谐的大家庭。

在企业外部，要树立"双赢""多赢""共赢"的理念，要在生产经营实践中建立"利己利他"的管理模式。佛家说"自度度人"。"利己—自度"是生存的需要，"利他—度人"是发展的需要，要在"利己"与"利他"之间找到平衡。要强化企业与客户、企业与企业、企业与上司、企业与社会的合作意识，破除你死我活的旧竞争观念，互相信任、互相体谅和互相支持，只有这样，才能实现企业与外部的真正和谐，创造企业良好的生存与发展环境。

总之，要实现企业内外部的和谐，最基本的因素是"信"字。"信"分两个层面，第一是诚信，第二是信仰。如果一个企业真正树立了诚信理念，建立了诚信体系，而后将国学的精华内化为所有企业人的信仰，那么这个企业就一定是一个和谐的企业。

太和：和谐企业的内外兼修

构建和谐企业，离不开"和"的学问。《周易》说："保合太和，乃利贞。""和"是儒家和道家共同的主张，"和"的精神是中华民族的基本精神，也是当代中国企业所应该追求的精神，"和"的境界更是企业家和企业所应该努力达到的境界。

中国文化普遍认为，"和"与"同"是不同的两个概念，这就是"和同之辨"。西周末期的太史伯就提出"和实生物，同则不继"的观点，和谐才能生长万物，同一就不能发展了。他解释了"和"与"同"的区别："以他平他谓之和，故能丰长而物归之；若以同裨同，尽乃弃矣。故先王以土与金、木、水、火杂，以成百物。"(《国语·郑语》)把不同的东西加以协调平衡叫作和谐，从而使万物丰盛而有所归属；如果把相同的东西相加，用尽之后就只能被抛弃。所以先王把土和金、木、水、火配合起来，做成千百种东西。可见"和"与"同"是两个不同的概念。"以他平他",是以相异和相关为前提,相异的事物相互协调并进,就能发展;"以同裨同",则是以相同的事物叠加,其结果只能窒息生机。中国传统文化的最高理想是"万物并育而不相害,道并行而不相悖"。"万物并育"和"道并行"是"不同","不相害""不相悖"则是"和"。

当今世界,不同国家与民族之间由于文化的不同、宗教信仰的不同、价值观念的不同,而引起了矛盾、冲突,甚至战争,"和而不同"为我们处理不同文化之间的关系、解决民族纷争、为多元文化共存提供了原则和方法,同样也为我们构建和谐企业提供了指导思想。

管理者"悠兮"很重要

"悠兮其贵言",悠兮是针对心情而言的,贵言是针对言语而言的。"悠"是悠闲的样子,领导者的"悠兮"很重要,优哉游哉,就是庄子所说的"逍遥",这肯定是所有领导者都想追求的人生境界。可是对相当多的领导来说,这却成为一个遥不可及的梦。如果你无为而治了,你就可以"悠兮"了;你"悠兮"了,老百姓才可以"悠兮"。"悠兮"加"贵言",就可以功成事遂。"贵言"就是把语言看得很珍贵,少说话,少发号施令。"贵言"是无为的表现之一。"功成事遂"是多层面的,国家成功了,企业成功了,每一个人都成功了,这是领导者的功劳吗?老百姓都说:"不是,这是我自然而然、按照自然之道来做的,不是领导管理成这样的,我们不知道还有一个领导啊。"这样就太成功了。

"0"境界的老板会"老装孙子"

有人说老板是老是拍板的人,老板是老是叫板的人,老板是老是板脸的人……有些老板很聪明,简直是眼观六路,耳听八方,他们对本行业非常精通，面对问题，敢于和善于拍板决断，所以老是拍板的人。面对社会的不公，面对下属的叛变，老板是叫板的人，甚至和国家权力部门叫板。当老板要树立威信时，老板的脸总是板着的，所以也是板脸的人。

但我要说，老板要达到高一点的境界，做到0境界，简单说就是要做到三"不"。

看不见

汉朝有个故事，说尽了管理者的特点。

有一天，宰相丙吉在都城内行走，忽然看见前面有两个人在打架，打得头破血流的，还不停手。他没有出面处理打架的事情，而是绕道走了。走了不远，发现路边的牛在不停地喘气，于是停下来看牛为什么喘气。随从很奇怪，就问宰相，为什么不管人的事，而关心牛，难道牛比人更重要吗？丙吉说人打架的事情，我也看见了，但那是都城将军的事情，他会处理好的，如果他处理不好，我就撤他的职，这也是考验那个人是否称职的机会。而牛喘气，可能是天气出现了问题，可能有灾害，事关天下的收成，这是我的职责，所以我分外关心。

也就是说老板在完善了管理体系以后，要真正把工作落实在每个人身上，不要随便干涉下属的权限，否则就会出现老板干活，员工看热闹的现象，这样的公司也没有太大的发展。所以，对于企业里的很多事情，老板知道就行了，要假装看不见，让下面的人处理为好，这是考察下面人能力的好机会。即便是下面的人失误了，给公司造成了损失，老板也要把这个损失当作选人的成本。不要怪别人做错了，而要怪自己当初为什么把这个人放在那个岗位上。如果老板此时耐不住寂寞，出手挽回损失，那员工会形成依赖，总盼望着"上帝之手"为他解忧，进而降低企业的效率，这比那些造成的损失更可怕。

听不见

东汉末年，天下大乱，诸葛亮于隆中躬耕陇亩，后经刘备"三顾茅庐"出山为其所用；其兄诸葛瑾，避乱江东，经孙权姊婿弘咨荐于孙权，受到礼遇。初为长史，后为南郡太守，再后为大将军，领豫州牧。

诸葛瑾受到重用，引起了一些人的嫉妒，背后中伤他明保孙吴，暗通刘备，实际上是被他弟弟诸葛亮所用，一时间谣言四起，满城风雨。孙吴名将陆逊善明是非，他听说后非常震惊，当即上表保奏，声明诸葛瑾心胸坦荡，忠心事吴，根本没有不忠之事，恳请孙权不要听信谗言，应该消除对他的疑虑。

孙权说道："子瑜与我共事多年，恩如骨肉，彼此也了解得十分透彻。对于他的为人我是知道的，不合道义的事不做，不合道义的话不说。刘备从前派诸葛亮来东吴的时候，我曾对子瑜说过：'你与孔明是亲兄弟，而且弟弟应随兄长，在道理上也是顺理成章的，你为什么不把他留下来，他不敢违背兄意，我也会写信劝说刘备，刘备也不会不答应。'当时子瑜回答我说："我的弟弟诸葛亮已投靠刘备，应该效忠刘备；我在你手下做事，应该效忠于你。这种归属决定了君臣之分，从道义上说，都不能三心二意。我兄弟不会留在东吴，如同我不会到蜀汉去是一个道理。"这些话，足以显示出他的高贵品格，哪能出现那种流传的事呢？子瑜是不会负我的，我也不会负子瑜。前不久，我曾看到那些文辞虚妄的奏章，当场便封起来派人交给子瑜，我还写了一封亲笔信给子瑜，很快就得到了他的回信。他在信中论述了天下君臣大节自有一定名分的道理，使我很受感动。可以说，我和子瑜已经是情投意合，而又是相知有素的朋友，绝不是外面那些流言蜚语所能挑拨得了的。我知道你和他是好朋友，也是对我一片真情实意。这样，我就把你的奏表封好，像过去一样，也交给子瑜去看，也好让他知道你的一片良苦用心。"

如果老板听觉灵敏的话，小道消息很容易传到他耳朵中，那他是听还是不听？如果听的话，公司的小道消息会更多，让正式的信息渠道出现瘫痪。

可悲的是，有的老板对小道消息乐此不疲，几天听不到，就感觉不舒服。甚至有的老板还挑拨、发动群众互相监督，他把一个员工叫进来听完工作汇报以后，问："你的那个上司，最近怎么样？你觉得他怎么样？"你让这个员工如何回答？做经理的总有些地方做得不好，如果照实说了，怕给经理造成负面影响。如果只说好的，又会不全面，有说谎的嫌疑，真是左右为难。今后不管怎样，这个员工对经理的心态有所不同，他会想："原来在我们面前神气的经理，老板对他不信任，有看法。"那这个经理如何做管理？

上班时间听得见，下了班尽量不要和下属单独相处，要听不见才好。以前万科的王石有个故事，有一天晚上九点左右，王石听到有人按他家的门铃，他在上面问："谁呀？"下面的人说："我是某某，来和您汇报一下工作。"王石说："现在是下班时间，你要爬山，可以来找我，你要汇报工作，请明天到我的办公室找我。"

如果王石同意了这个经理来汇报工作，别的经理也会纷纷在下班以后找王老板汇报工作，上班时光想着如何在晚上汇报工作了，企业哪里还有什么未来？曾经听说有一位老板更潇洒，他走时吩咐下属，我离开公司不能随便给我打电话，有两种情况可以打，一是人命关天，二是企业失火。仔细琢磨，很有道理。所以，王石的观点是对的，下班让工作走开，听不到才好，除非出了公司要倒闭这样的大事，否则不要找老板，经理们自己来处理，这才是考验经理们水平的时候。

做不到

老板还要想不到、做不到，这样才能让下属多想，才能开启下属的智慧，让下属多做，培养他们做事情的能力，这才是在培养人才。即便老板想到了，也要说不知道，而要让下属拿出观点来。即便老板自己能做到，也要让下属来做，老板去做更重要的事情。说起来这些道理老板都懂，但做到就难了。大多数老板是行业里的专家，能看到很多问题，看到了更愿意亲自动手搞定。老板总觉得别人做得没有他好，觉得别人的效率太低了，事实上一个人突破自己是最难的。

老板是公司最珍贵的资源，一个企业年利润1000万，老板平均的利润一天就是3万。如果老板整天做下属该做的事，成本就有点太高了。

老板只有超脱才能客观，只有客观才能专注，只有专注才能超越。做老板是孤单的长跑，好比马拉松。那些连办个培训班都不放心，都要亲自和讲师谈，要把全部课程听完，监督讲师、监督学员的老板，不是好老板，其实是没有尽到做老板的责任。当然，老板为提高自己而进行学习是另一回事。

老板要修炼到孔子说的"仁"的境界：非礼勿视，非礼勿言，非礼勿动，非礼勿听。看不见、听不到、做不到的老板才是好的大老板，否则就是小老板！

"0"的管理与人生

人生的根本问题

人生的根本问题有三个：第一，我从哪里来；第二，我往哪里去；第三，我是谁？

这三个问题是人们面临的最大问题。我们都是从娘胎里哭着来的，但往哪里去却有各种各样的选择。对于企业家来说，"我是谁"与他所经营的终极问题连在一起。人们实际上都在不知不觉地回答这三个问题，尤其是成功人士，在满足了物质生活的要求以后，必定会考虑人生的三大问题。下面用太极思维来分析一下这三个问题。

《红楼梦》里有一首诗《好了歌》："世人都晓神仙好，唯有功名忘不了；古今将相今何在？荒冢一堆草没了。世人都晓神仙好，唯有金钱忘不了；平生只恨聚无多，及到多时眼闭了。"很多人做企业的目的是为了赚钱，但赚钱是永远没有尽头的，开始时说"赚一千万够了"，后来觉得不行，要赚一个亿，赚了一个亿够了吧？还是觉得不行，要赚十个亿……人的欲望永无止境，这会带来很多问题，所以不要把金钱、功名当作人生的终极目标。赚钱永远是手段，企业家的责任不仅仅是企业经营本身，而是要想方设法去增加公共利益，去建立一个美好、和谐的社会。

《红楼梦》还说："世人都晓神仙好，唯有子孙忘不了；痴心父母古来多，孝顺儿孙谁见了。"众所周知，大多数富家子弟并不幸福，即使家财万贯，也"富不过三代"，所以不能把儿孙当成奋斗的终极目标，要考虑如何使基业长青。

很多企业家挣到了钱，也觉得不幸福，没挣到钱那就更不幸福，所以"郁闷"成为当今企业家的一个通病。究其原因，乃是没有找到自己的人生定位，最关键的是价值取向发生了问题。

李叔同、丰子恺的人生境界

李叔同、丰子恺认为，人生三境界是物质生活、精神生活、灵魂生活。

企业有一个太极，是企业的价值观。人也有一个太极，是人生的终极目标。

李叔同，39岁出家。39岁之前，他在各个领域都是出类拔萃者。他把话剧引入中国，自己扮演茶花女，他的音乐、书法、绘画都有很高的造诣。那他为什么出家？李叔同的得意门生、漫画家丰子恺说："人实际上是为三个东西而活，有的是为物质而活，有的是为精神而活，还有的是为灵魂而活。我的老师是为灵魂而活。"这个灵魂就是一种信仰，李叔同在这种信仰里活得非常幸福。

在大多数外国人眼里，一个没有信仰的人，是愚昧、野蛮、落后、不开化、不诚信的，不能跟这样的人做生意、交朋友。

中国没有严格的宗教传统，但中国人历来也是有信仰的，所以为信仰而活的人会感到幸福。可以说，中国人的终极目标是以"易道"为主干的一种民族精神。

冯友兰的人生境界

冯友兰是中国第一代现代哲学的代表。他说人生分四个境界：自然境界、功利境界、道德境界、天地境界。这四个境界总结起来实际上是三个境界。

第一个境界是自然境界。自然境界是本能的境界。人生下来就要吃、喝、穿，这些都属于本能的需求。

第二个境界是功利境界，包括功利、名利、财富等。这也是丰子恺所说的物质生活。

第三个境界是道德境界。人活着就要做善事，要做符合道义、伦理、法规的事。这相当于丰子恺所说的精神生活。天地境界是最高境界，是道家所说的自然无为的境界，也是国学的精华——天人合一的境界。

王国维的人生境界

国学大师王国维是清华大学国学四导师之一，后来跳昆明湖自杀了。他自杀的一个重要原因是接受不了文化的衰落，他是为文化理想而自杀的。

王国维在《人间词话》里说，写词、写文章有三个境界，这三个境界是为人的三个境界，也是人生的三个境界。他用三句宋词描述这三个境界。

第一个境界："昨夜西风凋碧树，独上高楼，望尽天涯路。"这是写文章的第一个境界，也是为人的第一个境界。说明人生走过了一段时间，受到挫折之后的一种追求、一种探索，虽然带有一点孤独感，但还是在探索。

第二个境界："衣带渐宽终不悔，为伊消得人憔悴。"这是说人生虽然受到很大的打击，为追求一件事情失去了很多，但仍然无怨无悔，这是一种执着的追求。

第三个境界："众里寻他千百度，蓦然回首，那人却在灯火阑珊处。"执着地去追求，结果发现，所追求的东西就在身边。这是最高的境界。

成功人士可能经过了第一个阶段，到达了第二个阶段。管理的过程是从零到一，再到零，因而企业管理者要不断地去反思，去归零，这样才能达到最高境界。

禅宗的人生境界

禅宗认为人生三境界是：参禅前"看山是山，看水是水"；参禅时"看山不是山，看水不是水"；参禅后"看山还是山，看水还是水"。

这三个境界即是从零到一，再到零的过程。第一个零是被动的、客观的零，后一个零是主动的零，是从主观对主观进行反思、抛弃之后重新认识的零。头一个零是现象的零，后一个零是本质的零。

每个人都是一步一步走过来的，必须经过中间阶段才能达到最高境界。所以，我们要通过一些反向思考，才能悟出事物的本质、人生的本质，从而达到最高境界，这就是健康的人生、快乐的人生和智慧的人生。